JN410379

한기정 수필집

어찌 지내십니까

어찌 지내십니까

한기정 수필집

1판 1쇄 인쇄/ 2012년 12월 10일
1판 1쇄 발행/ 2012년 12월 15일

지은이 / 한 기 정
펴낸이 / 우 희 정
펴낸곳 / 도서출판 소소리

등록 / 제300-2007-21호
주소 110-521 서울 종로구 명륜동 1가 33-90
경주이씨 중앙회빌딩 302-1호
전화 / 765-5663, 766-5663(Fax)
e-mail: sosori39@hanmail.net
www.sosori.net

값 10,000 원

ISBN 978-89-97294-26-8 03810

어찌 지내십니까

한기정 수필집

책을 내면서

머리가 복잡하고 생각이 속에서 울렁증을 내던 말없는 아이는 『학원』 『여학생』에 간간이 글을 보냈습니다. 글은 실리기도 하고 아니기도 했습니다. 대학생이 되어선 신춘문예에 문을 두드리곤 했지만 매번 미역국을 먹었습니다.

대학 시절 참여했던 유일한 동아리 '이화문학회'에서 수필부장으로 활동했습니다. 아하, 이미 40년 전 예견된 선택이었나, 어쩔 수 없는 나의 기질 때문인가.

가슴 속내를 내보이고픈 욕망이 글뿐 아니라 그림으로도 번져 1984년과 1985년, 기간으로는 몇 개월 동안 민전 네 군데에서 입선, 스스로도 놀라 그 후 십여 년 동안 활동했습니다.

허용되는 한계 내에서 안착한 것이 수필의 길입니다.

나 자신을 포함, 주변 사람들의 삶을 글 소재의 제물로 올려 들여다보고 스며있는 보편적 가치를 찾는 것에 즐거움을 가지고 있습니다. 글은 극히 개인적인 것에서부터 사람들의 심리와 행태, 사회현상에 관한 관심까지 아우릅니다. 용기가 적어 살살 주무르긴 했으나 생각의 진실을 왜곡하진 않으려 애썼습니다.

외형에 있어서는 기존의 전통수필, 아포리즘 수필, 에피소드 중심의 시놉시스 수필들로 구성되어있습니다.

표지 및 내용에 삽입된 그림들은 활동하던 시절 천작했던 '사람'시리즈에서 발췌했습니다.

윤재천 교수님과의 만남은 특별합니다. 머릿속에 날개를 달아 수필에 관한 나의 패러다임을 송두리째 바꾸셨기 때문입니다.

더불어 서초수필문학회 글벗들의 말 한 마디, 몸짓 하나는 큰 힘이 됩니다. 이 모임에 발을 디딘 것은 우연이었지만 열망이 가져다준 필연인가, 생각해 봅니다.

작지만 큰 바람이 있습니다.

이제 막 돋아난 날개를 튼실히 키워 독수리처럼 창공의 바람을 탈 수 있기를, 누군가에게는 의미가 있기를, 이 글 중 하나라도 수필문학의 다양성과 문학성에 기여할 수 있기를.

특별한 해에 여러분들께 그리고 내게 보내며

2012년 겨울 林谷

▷ 차 례

당신 그리고 나, 우리들·II

당신 그리고 나, 우리들·III

당신 그리고 나, 우리들·IV

쉼표, 마음에 점 하나

진 훈

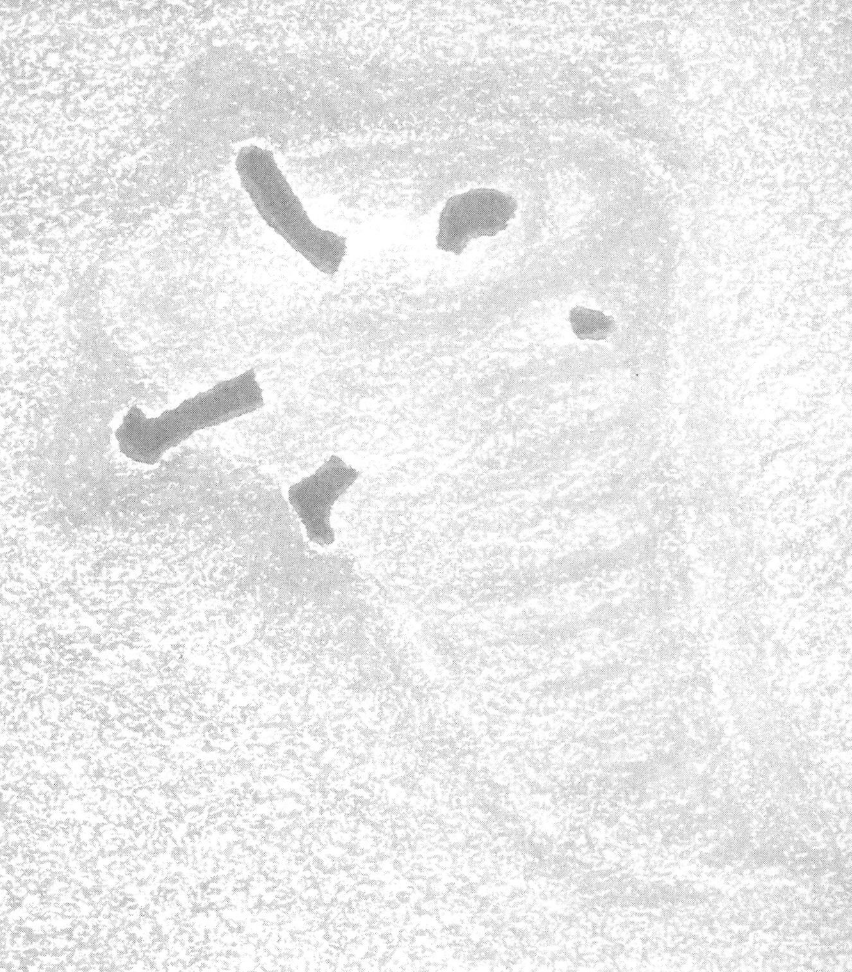

당신 그리고 나, 우리들

I

사람
1990. 9
기정

애교머리

앞머리에 쇠알치가 있어서 자연스럽게 이마 위 머리카락에 웨이브가 잡힌다.

쇠알치는 어느 지방 사투리가 아닐까 싶다. 가마를 말한다. 임산부가 소외양간에서 오줌을 누면 아기에게 쇠알치가 생긴다는 속설이 있다는데 엄마는 그런 적이 없는데도 딸이 쇠알치를 가지고 태어난 것을 이상해 했다.

이제는 나이가 들어 머리카락이 빠지는 상황인데 앞머리가 웨이브 되어 있어서 살짝 보완도 되고 보기에도 괜찮다. 파마할 때 특별히 앞머리에 신경 쓰지 않아도 모양이 잘 잡힌다. 천연이니까 풀어지는 법도 없다.

중·고교 시절 상황은 많이 달랐다.

멋스럽게 웨이브 진 오리지널 머리모양이 선생님들에게는 눈엣가시였다. 일부러 그렇게 만드는 줄 알고 등굣길에 지적을 당하며 눈칫밥을 먹었다. 나는 괜히 죄지은 양 움츠러들어 더욱 선생님들의 의심을 샀던 것 같다. 시정을 하지 않는 내가 반항적인 아이로 보였을 수도 있다.

게다가 머리숱이 적고 가늘어 당시 학교 규정에 정해져 있던 도마핀을 꽂을 수도 없으니 아침 조회시간 선생님들의 밥이다. 도마핀은 머리카락을 집는 부분의 공간이 넓어 머리숱이 많아야 활용이 극대화된다. 넉넉한 머리숱을 다스리기 위한 목적으로 생겨난 물품이다.

풍성하고 흑단 같은 머리카락이 미인의 척도였던 그 시절, 앞이마가 넓고 가는 갈색 머리숱이 겨우 두개골을 덮고 있는 나에게는 애초 쓸 수 없는 용품이었다. 줄줄 흘러내려 머리카락을 묶는 핀의 역할을 못할 뿐 아니라 매일 핀이 사라진다. 나도 모르게 빠져 나간다. 체육시간에는 영락없다.

가운데 공간을 최소화하도록 찌부러뜨려도 보고 실도 감아보았지만 허사였다. 한 다스를 사도 일주일을 못 넘긴다. 도마핀을 포기하고 실핀을 꽂았다. 이게 또한 교칙위반이다.

실핀을 꽂는 것은 불량학생의 행위라고 규정한 선생님들의 인식이 있던 터라 애교머리에 실핀은 영락없는 불량학생 모양새다.

선생님들은 내가 의도적으로 멋을 낸 머리 모양을 하고 있다는데 의심조차 하지 않았던 것 같다. 내게 소명의 기회를 주지도 않았고, 감히 소명할 엄두도 내지 못했다. 오해 속에서 날 지키는 것이 어려웠다. 속한 사회의 통념상 이해받을 수 있는 범주에 들지 못하는 것은 외로움이다.

그 애꿎은 불량학생형 머리모양이 대학을 가니 부러움의 대상이 되었다. 천지개벽이다. 머리 색깔도 염색한 양 옅고, 애교머리도 있어서 생머리로 다녀도 살짝 포인트가 주어진 헤어스타일이 된다.

심지어는 너무도 자연스럽게 염색이 잘 되었다는 부러움을 받았다. 그때마다 자연산이라고 은근히 자랑스럽게 대꾸하면서 이런 대접을 받을 때도 있구나… 싶어 씁쓸했다.

그것으로 나는 궁금하면 의견을 물어봐야한다는 것, 상대가 날 속이고 있을지라도 일단은 믿어봐야 한다는 것을 배웠다. 속지 않으려고 너무 애쓰는 것이 지나친 긴장감을 줄 수 있다는 것을 배웠다. 시간이 좀 걸리더라도 기다리면 종국에는 진실을 알게 된다는 것을 배웠다.

유행이 변하고 시대가 변하고 아름다움의 개념이 변한다.

가치가 변하고, 변하지 않는 것이 없다.

세상사에 절대 선(善)은 없다.

갓 스물

수업 전, 과 사무실에 들르기 위해 1층에서 엘리베이터로 들어섰다. 닫히고 있던 문이 급작스레 열리면서 여학생 다섯 명이 와장창! 몸을 부딪치며 들어섰다.

이미 안에 있는 늙은 선생은 안중에도 없이 깔깔거리고 수다를 떤다. 철 지난 아이스 바를 쪽쪽 빨면서 농담을 하고 2층에서 타는 남학생에게 요란한 인사를 건넨다. 그리고는 3층에서 우르르 내린다.

허참, 3층을 가면서 엘리베이터를 그렇게 급살맞게 타냐, 아직 관절은 문제 없을텐데. 엘리베이터가 부르르 떨리도록 소리를 지르는 품이라니. 폐쇄된 공간에서는 잠시 조용히 하는 예의도 없나. 난 투명인간이냐. 전혀 의식을 않으니… 난 투덜댔다.

허기사… 내 나이 스물일 때 난 어땠나.

앙증맞은 가수 윤복희가 유행시킨 미니스커트를 연예인도 아닌 주제에 어떻게 하면 최대한 짧게 입을 수 있을까 고민했고, 물론 적극 실행했다. 미니스커트로 육교를 오르내리면서 책으로 엉덩이를 가리고, 파출소에 잡혀 들어가 치마가 무릎 위 몇 센티인가 재자면서 자를 들이대는 경찰에게 '다리가 긴 사람도 있고 짧은 사람도 있는데 어떻게 일률적으로 문제를 제기할 수 있는가' 따졌다. 파마기 없는 긴 머리카락으로 등을 담요처럼 덮고, 길고 넓은 나팔바지로 온 시내를 휘젓고 다녔다. 집에 들어서면 신발은 물론 발과 다리까지 흙이 엉겨 붙어 있었다. 엉덩이뼈에 걸친, 넣고 꿰맨 듯 몸에 달라붙는 천막소재의 바지를 입고, 무릎을 꿇고 밥상머리에 앉으면 바지가 터질 것 같았다.

남자애들은 또 어땠나. 히피족, 비틀즈를 선망하며 얼굴이 커다란 사람이나 작은 사람이나 가릴 것 없이 머리카락을 길러 어깨까지 늘어뜨렸다. 선글라스를 끼고 굽이 높고 목이 발목까지 오는 지퍼로 여닫는 부츠를 신었다.

학교 앞 다방에서 공강시간이나 강의 후 시간 거의 전부를 죽치고 앉아 개똥철학에 심취하고 공부는 설렁설렁, 미팅에는 열을 냈다. 아침부터 다방에서 커피 속에 계란을 떨군 모닝커피라는 이름의, 한국에만 있다는 특유의 커피를 마셨다. 가을학기마다 데모를 해서 등록금만 내고 학교에 가지 않는 내게 아버지는

'너희는 4년제 전문대학생'이라고 하셨다. 얼마나 창의적인 일갈인가.

청년문화가 움트기 시작하던 1970년대 초반, 젊은이들과 기성세대는 함께 혼란을 겪었다. 집안에선 아들과 아버지가, 밖에선 경찰과 학생들이 동의할 수 없는 가치에 서로의 목소리를 높였다. 젊은이들은 파출소를 피해 다니며 기존 질서에 약을 올리고, 어른들은 파출소를 지키며 억압으로 자신들의 문화를 유지하려 애썼다. 팽팽히 긴장하고 충돌했다. 반목하고 증오했다.

그때 어른들이 한탄을 하면서 '요즘 것들은 도무지…' '말세야!' 하곤 했다.

기성세대의 그러한 말들은 어제 오늘의 일은 아닌 것 같긴 하다. 이집트에서 발견된 비석에서도 이미 그와 같은 한탄이 언급된 흔적을 찾을 수 있다니 옛적이나 지금이나 기성세대가 보는 신세대는 한심했던 모양이다.

체질적으로 변화를 거부하는 기성세대와 새로운 것을 찾는 젊은이들은 영원히 합의점을 찾을 수 없는 존재들인지도 모른다.

한편 생각해보면 기성세대와 똑같은 신세대는 정체되어 있다는 이야기가 아닐까. 멈춰 서지 않는 한 같은 것이 반복될 수는 없고, 변화는 지속되고 있는데, 그 변화를 되돌리라고 요구할 수 없는 것을 요구하고 있는 것은 아닐까.

그 시대 '요즘 것들', 그 '말세의 것들'이 그래도 미국서 공부하고 애국심 하나로 돌아와 얇팍한 봉급에 아이들 키우며 연구를 했고, 삼성전자를 만들고 키워냈다. 사우디아라비아 사막에서 뜨거운 공기를 마시며 산업머니를 벌어들여 GDP를 높였다. 베트남전에서는 목숨과 돈을 바꿔가며 정부에 종자돈을 마련해주어 오늘날 우리나라 발전의 기틀을 마련하지 않았는가.

안에서는 안에서 대로 역할을 다 했다. 구로공단에서 바늘에 손가락을 찔리고 사탕봉지에 피를 묻혀가며 수출산업의 역군이 되지 않았는가.

그 말세세대가 있어서 오늘의 이 나라가 있었던 것은 아닐까.

일전에 스코틀랜드에 여러 날 머문 적이 있었다. 내일이면 한국으로 돌아가야 할 시간이 되었는데도 난 뭉기적거리고 있었다. 물론 비행기표에는 분명히 날짜가 찍혀있지만 딱히 돌아가고 싶지가 않은 것이었다. 낯선 곳에서 누리는 무책임함을 벗고 싶지 않았다. 맺힌 것이 없는 느슨함에서 몸을 빼고 싶지 않았다.

저녁나절 숙소로 들어가기 전 박물관을 들렀는데 건물 앞 광장에서 한국 비보이들의 공연을 만났다. 날이 저물어가고 기온이 급격히 떨어지고 있는 때, 으슬으슬 추운 가운데에서도 그들은 공연용 홑겹의 옷만을 입고 자신들을 내보이는 즐거움과 관중을 사로잡는 매력으로 혼신을 다했다.

어스름 빗기는 노을 속에서 그들의 몸짓, 웃음소리, 서로에게 장난을 거는 모습들은 갑작스레 내게 돌아가야 할 고국이 있음을 상기시켰고, 가슴 가득 서러움 같은 그리움을 던졌다.

먼 곳, 낯선 곳에서 그들은 몸짓 하나로 자신들을 극대화시키고 있었다. 사당패처럼 전 세계를 무대로 떠돌며 단지 열정으로 그들은 자신들을 뿌리고 있었다. 속 깊은 곳에 긍지와 만족감, 오만을 심고.

그러면서 그 젊은이들은 내게 돌아갈 곳이 있음을 분명히 알게 해 주었다.

어쩌면 어느 시대나 '갓 스물'에 기성세대들이 빚을 지고 있는지도 모른다.

(2010년 서초수필문학회 동인지 구름화실에 게재)

피아노

꼭 12년 전 이맘때 피아노를 팔았다.

중간중간 휴지기를 가지곤 했지만 피아노를 치기 시작한지 42년이 된 시점이었다.

엄마는 나를 피아노 선생으로 만들려 했다. 엄마 생각에는 여자에게 경제력이 있으면 살기가 덜 고달프지 싶었다. 피아노 선생이 괜찮아 보였다. 레슨은 집에서 하니 가정도 돌보고 아이도 키우며 돈도 벌 수 있어 더 없이 좋아보였다.

내가 초등학교 입학 전부터 공을 들였다. 나는 온몸을 비비 꼬았다. 피아노 치러 간다고 나서는 것과 동시에 선생님이 출타 중이기를 간절히 소망하곤 했다. 피아노 집에 당도해 선생님이 계시지 않으면 후다닥 몇 분 두드리는 시늉만 하고 내뺐다. 선생님에게 덜미를 잡힐까봐 피아노 의자에 엉덩이 붙이기가 무섭게 일어섰다. 왔다 갔다는 증거는 만들어 놓아야 했기에 잔꾀를 부렸다. 피아노를 치러오지 않으면 선생님은 엄마에게 이를 게 분명했고 그 결과 야단을 맞으니 알리바이를 만들어야 했다. 그러면 선생님도 레슨을 하지 못한 것이 자신의 외출 탓이라고 생각할 테니 완전범죄인 셈이다.

피아노를 시작하고 5년 후 일본산의 까만 마호가니 피아노를 크리스마스 선물로 받았다. 88건반 업라이트 피아노다. 극진한 엄마의, 딸의 미래에 대한 투자는 온 집안을 흔들었다. 할머니는 삼촌을 시켜 피아노를 부수겠다고 위협했다. 고성과 험한 말들이 한동안 오가고 나서야 진정되었다. 엄마는 시집의 무시무시한 견제를 견뎌내야 했다. 딸이 자신과 같지 않은 삶을 영위하게 하기 위해 말없이 투쟁해야했다. 미움을 한 몸에 받아야했다.

엄마의 온몸으로 지켜낸 피아노는 거실에 있는데, 철없는 난 피아노 선생이 되어야하는 거가적(擧家的) 목적에서 발을 뺄 궁리를 심각하게 하고 있었다. 피아노가 지겨웠다. 내 능력의 한계를 절감하고 있었고 별다른 대안도 없었지만 이 길은 내 것이 아니라고 굳게 믿었다.

중학교에 들어간 시점에서 엄마에게 반기를 들었다. 엄마에게 이를 앙다물고 덤볐다. 내게는 자질이 없다고 막무가내로 버텼다.

엄마가 손을 들었다. 생각보다 큰 저항 없이 엄마가 양보를 했다. 내가 극히 단호했던가 아니면 엄마도 내 자질 없음을 이미 간파했던가.

스물아홉의 겨울, 외롭고 시간이 넘치던 때, 나는 아마추어 악사들과 한 기업의 겨울용 이벤트에 피아니스트로 참여했다. 작은 콘서트에 동참하며 스키장에서 긴 날들을 보냈다. 눈을 만끽하고 사람들을 만나고 라이브 음악을 즐겼다. 맹렬히 빠져나온 피아노로 위안을 받았다. 싫어서 몸서리치던 피아노가 세상과 소통하는 도구가 되었다.

잠시 즐겼을 뿐 다시 피아노를 손에서 놓았다. 결혼하고 아이를 키우고 전공분야에서 일을 하느라 피아노를 만질 새가 없었다. 잊었다. 게다가 작은 집으로 이사하는 바람에 피아노를 내쫓을 수밖에 없었다. 그리고는 영원히 '아듀!'를 고했다고 여겼다. 간간이 땀구멍에서 그리움이 비어져 나오기도 했지만 곧 지우고, 소리에 대한 추억만 남겼다.

지순한 시간 20년이 지난 시점, 우연히 존 필드의 녹턴들을 만나며 새삼스레 피아노를 불같이 갈망하게 되었다. 음악을 수동적으로 받아들이는 것이 아니라 내가 음악을 만드는 것에 다시 도전하고 싶은 열망에 젖었다. 내 손 끝에서 내가 원하는 방법으로 소리를 요리하고 싶어졌다.

악보 읽는 법은 몽땅 잊었을 텐데 욕심이 난다. 노안과 손가락의 관절통도 걸림돌이 될 텐데 해봐야겠다는 생각이 든다. 몇 년이 걸려도 해내고 싶어진다. 연주회 계획 같은 것이 있는 것은 물론 아니다. 존 필드의 녹턴, No. 4 in A major를 쳐내는 것이 나만의 연주회 계획이고 목표일 뿐이다.

용기를 내 악보를 구하고 피아노를 사서 어눌하게라도 시작하려한다. 피아노 놓을 자리를 마련하기 위해 옷가지들을 버리고 CD들을 한 곳에 모으며 주변을 정리한다.

젊은 엄마의 꿈을 배신했던 철없는 딸은 노년에 다시 한 번 피아노로 위안을 얻으려 한다.

2011년 9월 22일 악보를 사고, 같은 해 10월 28일 피아노를 들였다.

즐기기 위한 연주놀이의 시작이다.

오랜만에 뚜걱뚜걱 한손한손 건반에서 음을 만들어낸다. 그 녹턴과 비슷한 소리가 난다.

엄마의 피아노는 딸의 삶을 결정하는데 기여하지 못했지만 넉넉하게 하는 데에는 큰 몫을 한다.

(2012년 서초수필회 동인지 '없다'가 사라진 식탁에 게재)

서울내기

남편은 서울로 유학 오고 직장생활을 하신 아버지 덕분에 서울내기가 되었는데 그의 본적은 종로구 팔판동이고 팔판동, 동선동에서 살았다.

나의 친정은 그 이전은 잘 모르겠으나 증조부 때 이후 내도록 서울에서 살고 있다. 본적이 중구 인현동이고 창성동, 신당동, 장충동에서 살았다. 골수 사대문 안 서울내기인 셈이다.

서울내기끼리 결혼해 우린 또 서울내기로 산다.

서울내기들은 '집'이 있을 뿐 '고향'은 없다.

서울은 쉼 없이 변하기 때문에 더욱 그렇다.

서울에서의 삶이 팍팍해 고향으로 돌아간다는 사람들의 기사를 볼 때마다 그들의 사연이 어떠하던지 간에 돌아갈 곳이 있다는 것 자체가 부럽다. 그들에게는 돌아갈 곳이, 일가친척이 모여 있는 어떤 곳이 어딘가에 있다는 말이구나, 싶다.

고향은 부모 같은 것, 최후의 보루가 아니겠는가. 내가 어떠한 지경에 있던지 말없이 기다리고 받아주는 어머니 같은 존재가 아닐까. 꿈에서만 그러한가.

서울내기들은 항상 마음이 떠돈다. 갈 곳이 없고 반길 사람이 없는 고아처럼 가슴 깊숙이 외롭다.

우리는 추석 때 이따금 남편의 본적지, 어린 시절 살았던 그 작은 집이 있는 팔판동을 배회하곤 한다.

'저 길이 이렇게 좁았나?' '학교 가려면 저 미로 같은 골목길을 사이사이 누볐는데…' '여기서 미군 트럭에 치어 일찍 세상 하직할 뻔 했지' '저 언덕배기에서 똥차가 미끄러져 굴렀는데 온 동네가 똥바다가 됐었어' 하면서 이리저리 기웃거리며 한껏 고향입네 기분을 고조시킨다.

틈으로 그 작은 집을 들여다보기도 하고 둘이 나란히 걸을 수도 없는 좁은 골목길을 이리저리 쏘다닌다.

뉴타운이 된 지역이 고향인 사람들은 그나마도 추억할 골목조차 없겠지만 어렴풋한 기억 속의 골목들은 우리에게 큰 위안이 된다. 이제는 오랜 동네, 팔판동도 개발의 삽질에 슬금슬금 허물어지고 있다. 지난여름 또 그 동네에 들르게 되었는데 놀랍게도 본적지 옆의 집이 근사한 카페가 되어있었다. 다른 쪽 옆은 어린이 집이 되었다. 그 작은 집은 옆의 집들에 눌려 담장도 대문도 없이 폐쇄된 공간으로 남았다. 허물어진 틈으로 들여다보니 오십년 전 모습 그대로인 것 같다.

빠른 속도로 끊임없이 변화하는 곳에 노출된다는 것은 엄청난 적응능력을 요구하는 것이고 그런 속에서 사는 것은 언제나 타향이나 외국 낯선 곳에서 사는 것과 그다지 다르지 않다. 변화의 템포에 맞춰야하는 일에 허둥댄다. 새롭기도 하겠지만 새로운 것은 잠시, 번번이 낯설다. 물론 익명성 속에 숨어 아무 곳에도 속하지 않는 듯한 자유로움을 맛볼 수도 있겠지만 이는 항상 아웃사이더로 존재한다는 것을 의미할 수도 있다. 국외자들은 주인의식이 결여될 가능성도 있고 외로움에 시달릴 수 있다. 기본적으로 영위해야할 생활이 있는데 국외자로 남는 것이 평안하기만 하겠는가. 무책임한 행태를 계속할 수 있겠는가. 그러니 과도하게 변하는 곳에서 살면 에너지 소모를 수반한다. 그 사회에 완전히 소속되지도, 완전히 빠져나오지도 못하기 때문이다. 막연히 옛것을 그리워한다.

추석 때 모두들 고향으로 떠난 텅 빈 서울에서 고향을 느끼는 것은 서울내기들의 특권의식 탓인가.

아무도 살지 않지만 아직 그때의 모습이 그대로 남아있는 그 집에 안도하며 아껴 먹는 사탕처럼 우리 머리 속의 고향주머니에 꼭꼭 갈무리한다.

"방이 두 개뿐이었던 것 같아."

"작은 툇마루가 있었고 부엌은 없었던 것 같아."

"그럼 밥은 어떻게 했어?"

"외할머니가 저 끝의 집에 사셨는데, 밥 먹어라! 하고 소리치시면 달려갔지."

"창호지 문으로 햇살이 비스듬히 드는 방에 엄마가 누워 상념에 젖어 있던 것을 많이 봤던 기억이 나."

"그러셨겠지. 젊디젊은 나이에 아들 하나 데리고 졸지에 혼자 되셨으니."

뭐 이런 이야기를 나누면서.

대부분 서울내기의 고향은 기억에만 있을 뿐 딱히 갈 곳이 없다. 고향이 없다는 것은 사진 속의 부모만 있을 뿐 만질 수 있는 피와 살이 있는 육신의 부모가 없다는 것이 아닐까.

목마름.

가지는 않더라도 갈 곳이 있다는 것에 대한 위안조차 상실하는 것.

우리 부부의 작은 소망 한 가지는 가까운 시일내 가까운 곳에 영원히 팔 수 없는 작은 정원을 가지는 것이다. 한국 전쟁 때 이유도 모른 채 초등학교 운동장에서 북으로 몰이를 당하신 시아버지를 위한 기념 나무를 심고 싶어서다. 삼베모시 차림으로 '곧 다녀오리다' 말 한마디 남기신 그분을 기리는 소박한 기념패를 걸겠다. 꽃나무들을 빽빽이 심어 봄이 되면 꽃들이 흐드러지도록 하고 바닥에는 야생화를 하나 가득 넘치도록 가꾸겠다. 이름하여 Kim's Memorial Garden. 덤으로 노동을 쉬거나 사유할 수 있는 벤치 하나. 혹 운이 좋다면 끼니를 해결할 수 있는 공간이 딸린 작은 오두막 하나.

그곳에서 아버지 얼굴도 기억하지 못하는, 지금 자신의 아들만큼 젊은 아버지 사진을 보물처럼 아끼는 고아 같은 내 남편이 위로받을 수 있었으면 싶다.

복 종

엄마가 되기 전에는 무서운 것이 없었다. 미친 듯 깡으로 일했고 독기를 품으며 삶에 대적했다. 운명처럼 다가와 꿇어앉히려는 사건들에 이를 드러내고 덤벼들곤 했다.

일에 목숨을 걸었다.

한국에서의 특수교육은 다른 학문에 비해 역사가 일천하다. 전공분야에서 굵은 한 획을 긋고 싶었다. 교사가 아닌 교육학자가 되고 싶었고, 응용학문을 하는 사람으로서 이론과 실제를 갖추고 싶었다.

아이들을 위해 좋은 교육 프로그램을 생각하고 체계적으로 정리하는 일이 내 생활의 전부였다. 아이들을 보살피고 공부하고 책 쓰는 것을 무엇과도 바꿀 수 없었다. 평범한 세상살이의 즐거움을 몰랐다. 내게 즐거운 일은 생각에 잠기고 그림 그리고 책 보고 글 쓰는 것이 전부였다.

지금 생각하면 지나쳤다. 그러나 행복했다.

일에 미쳤을 때의 쾌락을 안다. 집중하면 할수록 뇌가 활성화되는 짜릿한 쾌감을 안다.

과도한 저체중에도 아픈 법이 없었고 아플 여지 자체를 허용하지 않았다.

독했다기보다는 미련했다는 것이 더 맞는 표현일 수 있겠다.

노력하면 모든 것을 얻을 수 있을 것처럼 의지탱천(意志撐天)했다. 사실 노력하지 않고 공짜로 손에 쥐어지는 것이 별로 없었다. 공부에 있어서도 사생활에 있어서도 노력하는 만큼 딱 그만큼만 주어졌다. 어느 때는 노력하는 만큼도 얻질 못했다. 그래서 더 강퍅(剛愎) 했는지도 모르겠다.

죽는 것이 두렵지 않았다. '죽으면 죽는 것이지' 했다. 삶이 너무 빡빡해서 죽음의 유혹에 기꺼이 넘어갈 의사도 있었다. 항상 숨이 턱까지 찼다. 공의롭게 살고픈 욕구와 보람 있는 삶에 대한 가치는 사는 것 자체를 힘겹게 했다. 삶을 즐기는 법을 배우지 못해 내가 원하는 것이 무엇인지 알지 못했다. 내가 해야 할 일에 매진했다. 열정이라고 평해주는 후배도 있다.

돈도 그랬다.

가지고 있는 만큼 쓰고, 없으면 안 쓰면 되었다. 크게 돈이 필요하지도 않았다.

평소 소비행태가 자기 통제적이어서 큰 어려움은 없었다. 물질에 대한 욕심이 별로 없었다. 항상 필요한 만큼은 있었다. 자신을 과시하기 위한 수단으로서가 아니라 단지 나 자신을 표현하는 즐거움으로서의 물질이 필요할 뿐이었다.

자식이 생기자 달라졌다. 겁쟁이가 되었다.

병나는 게 두렵고, 죽으면 어쩌나… 싶다.

조심조심 산다. 건강을 위해 마늘즙도 마시고 운동도 하고 비타민을 챙긴다.

신의 선물인 자식이 독립적인 개체로 확고히 서기 전에 내 임무를 다하지 못하면 어쩌나 걱정했다. 작고 연약한 그 생명이 항상 안쓰러웠다. 내가 아니면 그 생명이 땅바닥에 내던져질 것만 같았다.

돈에도 치사해졌다.

결혼을 하고나서야 돈이 필요하다는 것을 알았다. 현실적으로 문제해결을 하기 위해 그것이 필요했다. 돈이 사람을 살릴 수도 죽일 수도 있다는 사실을 실감했다.

수중에 돈이 마를 것이 염려되어 살금살금 쌓아뒀다.

명품 가방을 위해서는 아니다. 남에게 구차한 소리 않고 자식이 원하는 만큼 공부시킬 수 있기를 바라기 때문이다. 아플 때 마음 졸이지 않고 병원에 갈 수 있기를 바라기 때문이다.

사치를 위해서가 아니라 생존을 위해서다.

낮은 자세로 삶을 대하게 되었다. 납작 엎드린 거다.

신이 원했던 것이 이런 '나'일지도 모른다. 신 앞에서 설설 기는 굴종적인 인간이 된 것이다.

지금도 삶에 굴종적이 된 것을 힐난하는 투가 아닌가. 속이 뒤틀린 교만함 아닌가.

영국의 소설가 엘리스 피터스는 캐드펠 시리즈에서, 십자군 전쟁에 참전했던 목초학자 캐드펠 수사의 입을 빌려 '세상을 알 만큼 알고 나이 육십이 되었어도 아직 복종이 제일 어렵다'고 고백한다.

정호승은 흙으로 빚은 부처가 떨어져 산산조각이 나는 것을 보고 '산산조각이 나면 산산조각으로 살아갈 수 있다'고 했다.

이거다. 주어진 것을 있는 그대로, 아픔 그대로 받아들이는 것이 복종이다.

빳빳한 나를 굴종시킨 것은 자식인 셈이다. 신은 자식이라는 축복과 복종이라는 과제를 양팔에 안겨주었다.

이제는 굴종이 아닌 복종을 익혀야 할 때다.

육십 먹은 내가 남은 시간 동안 숙고하고 몸으로 실천해야할 큰 과제다.

영 혼

사도신경은 '몸이 다시 사는 것과 영원히 사는 것을 믿습니다'라 기도하도록 한다.

이게 무슨 이야기인가.

늙거나 병들어 보잘것없이 죽어버린 몸이 분연히 일어나 이 세상을 휘젓고 다닌다는 것이 아니라 자식을 통해 내 DNA를 물려준다는 것은 아닐까. 아니면 내세에 다른 육신을 입고 내 영혼이 다른 생을 살므로 다시 태어난다는 의미는 아닐까.

엄밀히 따지면 아들의 삶이나 내세의 삶은 내 삶 그 자체는 아니다. 그럼에도 그것들은 내 육신의 한 조각일 수도 있고 내 생각이 명맥을 잇고 있는 것일 수도 있다.

유전공학을 연구하는 이들의 이야기를 들으면 염색체 속 염기서열에 따라 그 사람의 자질이나 성품의 성향이 달라진다고 하니 아들이 내 삶의 어느 부분을 잇는다는 것도 그다지 틀린 말은 아니다. 구체적으로 내 모습을 닮기도 하지만 무형의 성향도 닮는 것을 보면, 절묘한 '영원히 사는 것'이다.

내세에 다른 내가 다시 살아간다는 것은 조금 문제가 다르다. 아무리 이생에서의 내 사고와 성향이 다음 생에 큰 영향을 미친다 하더라도 생(生)들 간에 존재하는 단절감은 부인하기 어렵다. 이생에서의 나는 저 생에서의 나와 일면식도 없다. 게다가 구체적으로 기억하는 것도 없으니 연장된 삶이라 얘기하긴 어렵다.

가끔 책을 통해 그런 이야기를 읽을 수는 있지만 전적으로 동조하기는 어렵다.

이상한 경험을 한 적이 있다.

2000년 12월 24일, 크리스마스이브 특집으로 KBS스페셜에서 방영한 '침묵으로의 초대, 트라피스트 수도원'이라는 다큐멘터리 프로그램을 시청하고 있었다. 미국 켄터키 주 구석진 곳의 수도원에서 일체 말을 하지 않고 수도를 하는 수도사들 이야기다.

수도사 한 사람이 화장실을 청소하는 장면에서 내가 갑자기 순간이동을 한 것 같은 느낌을 받았다. 그곳의 냄새까지 맡을 수 있었다. 급작스레 걷잡을 수없이 눈물이 쏟아졌다. 꼭 내가 그곳에 있는 것처럼 생생히 느꼈다.

내가 전생에 수도사였던 것은 아닐까 하는 의구심이 들기까지 했다.

난 가톨릭 신자가 아니다. 그 분위기는 좋아하지만 성당이나 수도원에 대한 경험이 거의 없다.

이것은 뭔가. 순간 뇌의 신경전달 물질에 이상이 일었던 걸까.

왜.

어떤 이유로.

나락으로 떨어지지 않기 위해 평생을 연마해온 우리의 영혼이 육신의 스러짐과 동시에 세상에서 사라지는 것이라면 허망하다.

위안을 얻기 위해 영혼이 있다는 말로 우리 자신을 기만하는 것인가.

죽고 싶지 않아서, 죽음은 모든 것의 끝이라는 것을 받아들이기 두려워서 우리는 극락을 이야기하고 천국을 이야기하는가.

영혼이 없다면, 우리는 그저 고깃덩어리에 불과한가. 피와 살이 전부란 말인가.

영혼이 있어서 다른 사람을 연민할 수도, 옳고 그름을 분별할 수도, 자기통찰을 통해 자신을 객관화시킬 수도 있는 것 아닌가. 영혼으로 인해 사람답게 살 수 있는 것 아닌가.

대학원 시절 서고에 들어갈 수 있는 특권이 주어지면서 도서관을 종횡무진 누볐다. 정해진 작은 책상에 내가 읽고픈 책들을 쌓아둘 수 있었는데 심령과학에 심취했다. 그들은 사람이 숨 떨어지는 순간 21그램쯤 가벼워지는데 이것이 영혼의 무게라고 했다.

삼촌들은 놀렸다. '마냥 거짓부렁인 책은 왜 읽고 있냐'고 했다.

데이비드 실즈는 '우리는 언젠가 죽는다'에서 그런 일이 있지도 않지만 영혼이 있다고 하더라도 영혼에 무게가 있을 리 없다고 했다.

그러나 우습게도, 과학이라고 할 수 없는 그것들을 통해 '영혼'이라는 것에 깊은 관심을 가지게 되었다.

친정아버지가 돌아가셔서 묏자리를 쓰는데 한 구석에 돌이 삐죽 나와 있어 관이 삐딱하게 들어간다고 그 돌을 쪼았다. 어느 날 아버지는 내 꿈에서 왼쪽머리가 아프다고 호소했다. 쪼인 돌은 아버지를 누이면 왼쪽 윗부분에 있었다.

이것은 뭔가.

내 죄의식이 만들어낸 동화인가.

괜찮은 인간이 되려고 애쓰며 산 것이 아까워서라도 영혼은 있다고 믿고 싶다. 막 살지 않기 위해서, 품위 있는 인간으로 살고 싶어서 갈고닦은 마음훈련이 헛된 것은 아니라고 믿고 싶다.

사는 동안 아름다운 인간이고 싶어서 영혼의 존재를 믿고 싶다.

뇌가 쪼그라드는 이유

나이 듦.

약물 과다 복용 혹은 남용.

스트레스.

극단적인 외로움, 만성적 공포, 끝없는 절망, 허세, 보상받을 길 없는 서러움, 불안, 과욕, 사랑받지 못함, 사무치는 그리움, 자기애(自己愛), 우울, 화, 억울함, 표출하지 못하는 분노, 강요받은 선함, 애타는 사랑에의 성마름, 버림받을 것이란 두려움, 지난 사건에 대한 죄의식.

질병.

과음, 과식, 흡연.

지적(知的) 게으름까지.

이유가 수없이 많다는 것은 없다는 의미.
모든 이유가 원인이라는 의미.
결국 알 수 없다는 뜻.

이는 기억력 실조, 어휘력 소실로 이어진다.
먼 과거는 생생한데 새로운 정보를 들이기에는 뇌가 빽빽하다.
판단력이 낮아져 버릴 물건을 마냥 쌓아둔다.
셈이 되질 않아 하찮은 일이라며 밀쳐버린다.
씻는 것이 귀찮다.
머릿속이 비어오는 것을 감지하며 나, 왜 이러지? 하는 의문이 생긴다.
막연한 불안과 의심이 솟는다.
환각, 환청이 오고 운동실조(運動失調)도 있다.
갑갑증으로 길거리를 헤맨다.
먹어도 먹어도 메워지지 않는 허기에 떠밀린다.
분노감과 서러움 사이를 오간다.

우린 이를 '치매'라 부른다.
그네들은 세상과 싸우고 버티는 것에 지쳐 끈을 놓아버림으로 스스로 하얗게 바랜 세상 뒤편으로 숨는다. 세상을 향한 안테나를 완전히 접고 식물적인 삶에 안주한다. 숨을 고르게 쉬기 위해서.

의사는 말했다.

어머니가 힘들게 사셨는가 봐요. 고생 많이 하면 뇌가 말합니다.

난 안다.

그 지난한 삶을, 독하지 못한 품성과 자기 편을 들어줄 아무도 없는 섬 같은 삶을. 그에 따른 과도한 자기방어와 긴장감을.

대학교수로 화려하게 산, 그지없이 좋은 성품의 그 선생님이 정년 직후 다급하게 '치매'라는 진단명으로 생을 마친 이면에는 젊어 간첩활동을 한 뒤 혹은 그렇게 의심을 받은 뒤 끊임없이 정부의 감시대상이었고 이로 인해 상당히 위축된 삶을 살 수밖에 없었던 남편이 있다는 것을 아는 사람들은 다 안다. 남편은 아내에게 위엄을 세우기 위해, 자신의 정당성을 인정받기 위해 꼬장꼬장했다. 아내의 가슴이 새카맣게 타들어가는 것은 아랑곳하지 않았다. 아랑곳하기에는 자신을 지키는 것이 다급했다.

날이 선 시간들은 선생님의 뇌를 갉았다.

한 인간이 지나온 세월의 집합체가 죽음이 임박한 시간의 모습이자 무게다.

예측불허.
뇌의 신비.
마음이 육신이고 육신이 마음이다.

질 투

1970년대 초, 대학을 다녔다.

그 시절 집안형편이 여의하지 않으면, 자식 공부 넉넉히 시킬 수 없을 량이면 아들은 대학을 보내도 딸은 여고졸업이 최종학력이 될 공산이 컸다. 시집가는데 아무 지장이 없다고 했다. 인수분해 같은 것은 절대 불필요하다고 했다. 덧셈 뺄셈만 잘 하면 살림하는데 지장 없다고 했다. 사실 그래 보이기도 한다. 심지어는 똑똑한 여자 팔자 세다고 했다.

특별히 부모님이 딸에 대한 교육열이 남다르다면 몰라도 그랬다. 남자형제 공부를 위해 딸이 돈을 벌어야하는 일도 다반사였다. 희생이라고 하지 않았다. 미덕이고 당연이다.

여자아이를 대학에 보내는 경우는 아주 공부를 잘 하거나 가세가 넉넉해 대학교 학자금 대는데 큰 무리가 없거나 부모님이 특별한 자녀교육관을 가지고 있는 경우였다.

여대생의 수도 적어 그녀들은 특권계층 비슷한 인식을 가졌다. 통계로 보면 인구 만명 당 26명만이 여대생이었다. 희귀동물 비슷했다. 대학에 가지 못한 여자아이들에게는 선망의 대상이었다. 너무 선망한 나머지 주운 배지로 가짜 여대생 행세를 하는 사건도 종종 생겼다.

부모님 덕에, 운이 좋아서 화려하다는 E여대에 다닌 우리들은 나름 온갖 멋을 내고 대학생활이라는 것을 즐겼다. 짧은 치마에 책들을 옆구리에 끼고 공부는 장식품처럼 하며 희희낙락했다. 예배를 마치고 대강당에서 쏟아져 내려오는 몇 천 명의 여자아이들은 그 자체로 꽃이다. 파리다방에서 개똥철학을 논하며 사는 것에 고뇌하기도 하지만 다른 사람의 눈으로 보면 대체로 속없어 보였다.

속을 들여다보면 힘들여 학비 벌어 공부하느라 미팅 한 번 제대로 못해 본 학생도 있고 오로지 공부에 올인한 학생도 있다.

단과대학별로 색이 다른 은배지를 열심히 달고 다녔다. 아침에 옷을 바꿔 입으면 배지도 옮겨 달았다. 잊으면 허전했다. 장신구라기보다는 피부 같은 것이었다.

찻집이 다방이던 시절, 차장이란 직업이 있었다.

우리 또래 여자아이들의 직업이었다.

미어터지는 버스에 매달려 사람들을 안으로 몰아넣고 차비를 받는 그녀들은 간혹 사고를 당하는 경우도 있었다. 그녀들은 나일론 100%의 유니폼에 손끝 자른 장갑을 끼고 버스 옆구리를 두드린다. '오라이!' 하고 외치면 기사는 휘리릭! 스냅을 줘서 버스를 기울여 사람들을 안으로 차곡차곡 간추려 넣고, 그녀들은 타이밍 맞춰 잽싸게 문을 닫는다. 위험천만한 묘기다.

그녀들은 우리에게 '야, 이년들아! 니들은 잠옷에도 배지 달지?' 하며 울분을 쏟았다.

우리들의 행태가 눈꼴사나웠던 거다.

어둑한 시간, 친구들과 서울역 근처에라도 가면 밤거리 여자들이 같이 가던 남자아이들을 잡아끌었다. 남자아이들은 당혹해하고 우리는 공포스러워 했다. 그녀들은 남자아이들에게 '걔들은 별거 아냐!' 하며 킬킬거리곤 했는데 우리들은 서둘러 자리를 피했다.

그녀들은 남자아이들과 몰려다니는 우리를 보면 배알이 틀렸던 거다.

2008년 5월 3일 토요일 한국 시각으로 오전 6시, 그 아이가 갔다.

길지 않은 55년 남짓한 세상 나들이를 마치고 돌아갔다. 아직 결혼시키지 않은 아들 둘을 남겨놓고 떠났다.

공교롭게도 같은 날, 4개월 조금 모자란 시간 내도록 중환자실에서 생사를 오가던 시어머니의 병세가 호전되어 일반병실로 옮겼다. 한 발 담그고 있던 죽음의 세계에서 일단 발을 뺀 것이다.

런던 그 아이의 소식을 들은 시각은 늦은 오후, 시어머니의 일을 마무리하고 귀가해 안도하며 머리 속을 비우려 화초를 만지던 시간이다.

이제는 전화도 이메일도 나눌 수 없고 어쩌다 런던에 들러도 그 아이를 불러낼 수 없게 되었다.

어처구니없게도 분노에 가까운 질투감이 솟았다.

83세 노인은 분연히 살아나는데 55세 젊은이는 저편으로 사라졌다는 사실에 분노했다.

이럴 수가 있나.

신의 조치에 대드는 것도 아니고 대든다고 변할 것도 없지만 그런 사실을 받아들이는 방법 밖에는 할 것이 없는 것에 분노했다. 수수방관할 수밖에 없는 나를 보았다.

공평하지 못하다고 생각했다.

세상이치가 그러하다는 것을 받아들이기 어려웠다.

분노 섞인 질투가 무엇인지 알았다. 딱히 어쩌자는 것도 아니고 어쩔 수 있는 것도 아니다. 내 질투가 얼마나 비합리적인지 너무도 잘 알고 있다. 그럼에도 솟아오르는 질투감은 어깨를 짓눌렀고 삶이라는 과제에 속수무책으로 무력한 나를 보았다.

예전의 그녀들도 그랬으리라.

그녀들은 나보다 조금은 더 구체적인 이유로 그랬으리라.

엄마의 고독

프라하 크라코프 중앙광장의 수키엔니체 쇼핑몰 불빛 아래에서, 다뉴브 강을 떠가는 뱃가에서 난, 엄마의 고독을 보았다.

남편을 떠나보내고 그녀는 자식들과 부대끼며 살기보다는 성가시지 않은 삶을 선택했다. 혼자 일어나고 혼자 밥 먹고 혼자 생활을 꾸리는 것이 쓸쓸했지만 그 길을 택했다. 누군가와 얽혀 사는 것의 피로감에서 해방되고 싶었다. 평생을 지속된 시집식구들과의 편치 않은 관계와 남편의 오랜 병수발로 지쳐있었다.

외로움도 덜고 어릴 적 꿈도 실현하기 위해 그녀가 열심을 낸 것은 해외관광이었다. 친구들과는 마음이 맞으면 돈이 맞지 않고 돈이 맞으면 마음이 맞지 않기에 결국 여행을 혼자 다니게 되었다.

필리핀, 말레이시아, 태국, 홍콩, 마카오 등 동남아를 시작으로 일본, 러시아, 호주, 뉴질랜드, 피지, 미국, 터키, 스페인을 포함 동유럽 서유럽 북유럽까지 패키지 관광상품을 따라 다녔다.

어느 곳엘 가던지 그 지방의 특산기념품을 사서 내게 선물하곤 했다.

마뜨료쉬까 러시아 전통인형, 금박 입힌 도자기 종, 계란공예품, 캉가루 도장지갑, 파사미나 머플러, 양모 스웨터.

어느 해인가 동유럽을 다녀온 그녀는 호박팔찌와 목걸이를 선물했다.

결혼 25주년 기념으로 우리 부부는 동유럽 패키지여행을 하게 되었다. 단체로 하는 패키지여행은 처음이었다. 30여 명의 동행자가 가족단위로, 친구들로 삼삼오오 짝을 이루고 있었다. 모든 멤버들이 같이 잘 어우러지지만 결속감의 뿌리는 결국 함께한 가족이나 친구였다.

폴란드가 번창하던 시절, 15세기 수출입품들을 거래하던 세계 최고(最古)의 직물시장 수키엔니체 쇼핑몰은 우리의 관점에서 보면 초라하다. 달랑 두 줄로 늘어선 가게가 전부다. 그러나 세계의 문화유산답게 옛 모습을 유지하고 있다. 돔 형식의 높은 천장에 새겨진 문장(紋章)과 주물로 만든 등이 가지런히 달려있어서 단정하고도 고풍스럽다. 가게의 입구 아치마다 부착된 조각장식들과 반짝이는 불빛은 옛것과 현대적인 것이 어우러져 더욱 화사하고, 미녀 상인들의 모습은 유혹적이다.

서울을 떠날 때부터 마음먹었던 호박 브로치를 고르는데, 엄마의 선물과 짝을 맞출 브로치를 고르는데 아, 엄마가 내게 선물을 고르던 그때 홀로였겠구나, 옥경이가 있었어도 온전히 혼자였겠구나 하는 생각에 불현듯 눈물이 비어져 나왔다.

옥경이는 엄마의 여행에 벗이 되곤 했던 가이드다. 그녀는 여행을 즐기는 엄마를 불러내어 동행하고 같은 방을 쓰곤 했다.

호박 브로치를 골라 돌아서는데 목이 메었다.

비로소 이제야 엄마의 고독을 느낀다.

엄마의 고독의 노래를 듣는다.

다뉴브 강에 해가 가라앉고 하늘은 보랏빛에서 검게 변해가고 바람은 머리카락을 어지러이 흩는다.

가족과 친구들은 짝을 지어 사진을 찍고 웃음을 터뜨리고 농담을 주고받으며 추억을 만들기 바쁘다.

엄마가 정말 고독했겠구나. 온전히 혼자였겠구나.

정겨운 사람들이 함께하는 자리에 혼자 있는 것이, 비록 그들이 엄마의 고독을 눈여겨보지 않는다 하더라도 그래서 더욱 고독했겠구나.

엄마의 고독은 거기서 그치지 않는다.

돌아와 비행기에서 내리면 모두들 서둘러 흩어진다.

언제 동행했던가 싶게 각자 갈 길로 발길을 재촉하는 동반자들 속에서 떨어져 나와 홀로 텅 빈 집으로 가는 버스를 탔겠구나.

어쩌면 혼자 공항에서 저녁을 먹고 집으로 향했겠구나.

집으로 가는 버스를 타고 갑작스레 주변이 단출해진 것을 느꼈겠구나.

왁자한 모임 후 적막함에 당혹스러웠겠구나.

고독하지 않으려 떠난 여행에서 더욱 완전한 고독을 보았겠구나.

불 꺼진 아파트로 들어설 때가 절정이다.

집에 들어서 현관의 불을 켜고 현관문을 잠그면 몰려드는 고요가 얼마 전까지 누군가와 물리적 공간이나마 나누었던 그 가성(假性)의 일체감을 확인시킨다.

고독을 잊을 수 있었던 시간들의 끝자락에 왈칵 눈물을 쏟아내고서야 평상심으로 돌아갈 수 있었을지도 모른다.

스무 장의 파시미나 숄도 서른 개의 스페인 부채도 여행지에서 생각 없이 챙겨 넣었던 사탕들도 엄마의 고독을 메우지는 못한다.

아무리 긴 여정이라도, 아무리 모든 것을 잊을 만큼의 설렘과 흥겨움이 존재했다하더라도 추억에 매달릴 수밖에 없는 시간의 연속일 뿐 고독은 여전하다.

피곤해 쓰러져 잘 수 있다면 행운이다.

유령엄마

딸은 집에 들어서며 뭔가 바뀐 것 같다고 생각한다.

살펴봐도 변한 것은 없는데 그렇게 느껴진다. 공기가 다르다.

내가 아일랜드 위에 물 컵을 놔두고 나갔나….

아이가 들어왔다 갔나… 그럴 수가 없는데….

식구가 달랑 세 명이고 각자 바빠 낮 시간에 집에 들어올 인물이 없다. 가족이 들어온 흔적치고는 너무 반듯하다. 변한 게 없다.

강의와 학생지도, 속한 학회 총무 일에 동분서주하며 살지만 깔끔해서 살림에 소홀하지 않은데 조금 이상하다.

최근 들어 그런 일이 종종 있다.

엄마는 아파트를 나와 지하철을 타고 열아홉 정거장만에 내려 딸네 아파트로 들어선다. 딸이 없을 시간인 줄 알고 있다. 딸이 낮 시간에 집에 있다면 아플 때뿐이다.

느린 동작으로 빈 집의 문을 열고 들어서 소파에 앉는다.

가만히 앉아있다.

그렇게 지내기를 몇 십분. 그저 앉아 있다. 아주 가끔 물을 한 잔 마시기도 하지만 그런 일은 거의 없다. 조각품처럼 앉았다가 스르르르 일어나 딸네 공간에서 빠져나온다.

딸네 아파트를 나선다.

갔던 길을 역으로 되짚어 집으로 온다.

세 시간은 소모할 수 있다. 오며가며 사람들 구경도 하고. 누구와도 말을 섞는 일은 없다. 아직 외출이 여의한 것이 다행이다. 무릎이 아프지만 걸을 수 있고 길을 찾고 어느 정류장에서 지하철을 갈아타야하는지 인지하는데 문제가 없다.

연기처럼 한 공간에서 사라져 다른 공간으로 이동하는 것이다.

박사 딸, 박사 며느리 두고 손자 들쳐 업고 다니며 자랑하는 여편네가 미친년이라더니 엄마가 딱 그렇다.

일하는 딸과 평생 영화구경 한 번 같이 한 적이 없다. 이제는 봐줄 아이도 없지만 그렇다고 시간을 나눌 딸도 없는 셈이다.

그저 자랑만 한다. 내 딸이 잘났다고.

내 딸이 잘나 내가 외롭다고는 말하지 않는다.

그래서 더 외롭다.

거실바닥에 낯선 머플러가 떨어져있다.

딸은 안다. 자신이 없을 때 엄마가 들르는 것을. 그것도 꽤 오랫동안 그래왔다는 것을.

근본적으로 바꿀 수 있는 것이 별로 없다는 것도 안다. 일을 그만둘 수도 없다. 엄마를 가까이 옮긴다고 해서 달라질 것도 없다. 자신은 종일 나가 지내고 일에 쫓기니 말벗이 못되기는 매한가지다. 선택의 폭이 넓지 않다. 고작해야 전화를 좀 더 자주할 수 있는 정도랄까.

엄마는 그저 갈 곳이 있다는 것, 내게 딸이 있다는 것, 딸이 숨 쉬는 공간 속에 잠시 머무를 수 있다는 것이 위안일 뿐이다.

딸네 일을 거들어주지도 반찬을 만들어다 주지도 않는다. 그저 딸의 공간 속에 가만히 머무르다가 되돌아간다.

매일 반복되는 엄마의 외로운 나들이다.

끝이 보이지 않는 짝사랑이다.

예순 해

결혼을 원치 않는 여인의 여식으로 태어나
일찍이 감정적으로 홀로서기를 하면서도
가족과 불화한 어미에 대한 연민과
어미의 시가식구들에 대한 분노로
단단해 보이나 속은 두려움으로 가득 차
꿈은 꾸지도 못하고
온 열망이
언 몸을 따스 물 욕조에 담그는 것과 같은 평안뿐.

'착한 여자' 도그마에 갇혀
사랑한다고 여긴 한 남자에게 개가 목줄에 끌려다니 듯 허덕이다가

하늘이 바늘구멍만 해 보이던 어느 밤
계곡의 돌바닥을 맨 발로 허둥대며 달리듯 도망치지만
단단한 껍질에 갇힌 달팽이처럼
벗어나지도 들어앉지도 못 해
누군가에게 손을 내밀 엄두는 더욱 못 내니
가슴 호수에 사윈 달빛만 가득 채워.

본성이 그러했는지 습성이 그러했는지
겁도 없이 남의 계모가 되고
평생 보살핌을 받아보지 못한 남편의 등을 토닥이는 일에 긍지를 느끼니
모자람인지 넘침인지
가만히 들여다보건대
둘 다 아니고
부끄럽지 않으려 자신과 싸우는 것에 불과.

닥쳐올 미지의 상황들에 안절부절못하지만
당연한 것들로 받아들이려 마음을 추스리고
구차하지 않으려 다짐하는데
으스대지는 못하고

그렇다고 뱃속부터 겸손하지도 못한 채

경제난까지 꼼꼼히 신문읽기, 가급적이면 의례적 만남 피하기, 한 가지 일에 푹 빠지기, 쓸데없는 말 덜하기, 생활 간소하게 유지하기, 혼자 있는 시간 확보하기, 말하기 전에 생각하기 등이 버팀목.

살아있는 지적 호기심에 가슴 설레기도 하고
식어가던 열정의 방향을 짚어보며
남은 시간들을 응시하는데
어미의 자궁에서 일탈한 지 꼬박 예순 해.

자,
이제 남은 자루를 무엇으로 어떻게 채워야하는지
고민해야할 시점의 뒤꼭지에 이르러
묘비명 '드디어 평온하다'를 살아생전 온몸으로 새기려 애쓴다.

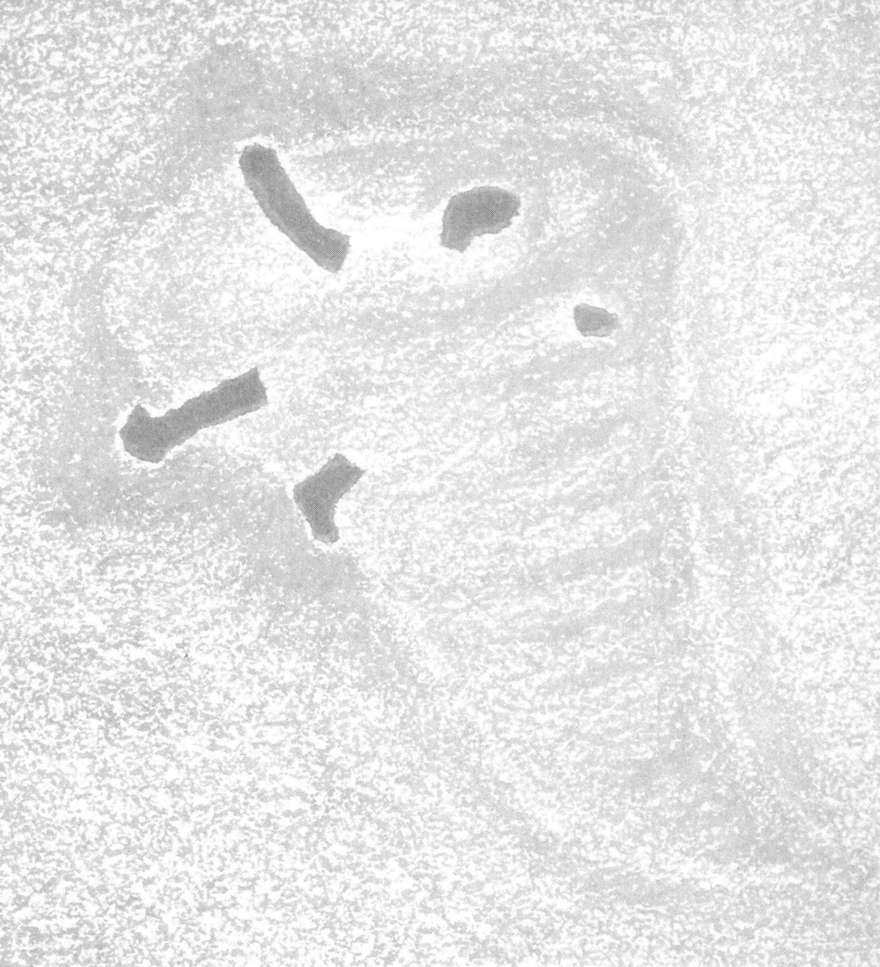

당신 그리고 나, 우리들

II

사람
1990. 9
기저

쪽 배

태어날 때 우리는 작은 쪽배에 태워져 물 위로 흘려진다.

누구는 칼처럼 폭이 좁고 게다가 재료도 조악한 것으로 만든 쪽배에 태워지고, 누구는 대접처럼 폭이 넓고 든든한 재료로 만든 쪽배에 태워진다. 어떠한 경우에도 쪽배는 일인용이다.

폭이 좁아도 든든한 재료일 수 있고 폭이 넓어도 조악한 재료일 수는 있다. 간수를 잘 해 조악한 쪽배가 윤이 흐를 수도, 그 반대일 수도 하다.

쪽배의 모양이나 재질과는 별개로 누구는 너른 바다에 흘려지고 누구는 잔잔한 호수에 던져진다. 바다에서 호수로 호수에서 바다로 넘나드는 것이 보통이다. 바다는 험하고 굴곡지나 얻는 것이 풍부할 수 있고 지루하도록 잔잔한 호수는 평온할 뿐일 수 있다.

쪽배를 타고 물을 따라 흐르다보면 곁으로 집채만한 배가 지나가며 풍랑을 일으키기도 있고 한나절이 지나도록 조용하기도 하다. 풍랑에 휩쓸려 뒤집어질 위기에 놓이기도 하고 실제 뒤집어지기도 한다. 뒤집어진 쪽배에서 살아남기도 하고 실패하기도 한다.

무서워 벌벌 떨며 뱃전을 그러쥐기도 하고 한가한 콧노래가 절로 나오기도 한다. 뙤약볕으로 쪽배에 금이 가는 일도 생기고 바닥에 구멍이 나 물이 차오르기도 한다. 우산을 돛 삼아 바람결에 한껏 달리기도 하지만 살만 남은 우산대를 버리지도 못한 채 바람에 실려 다니기도 한다. 물론 근사한 돛을 달기도 한다.

낚은 물고기가 배에 풍성하기도 하고 종일 낚싯대를 드리워도 입에 풀칠할 만큼만 건지기도 한다. 넘치도록 잡혀 배가 가라앉기도 한다.

항해 중 누군가를 만난다. 반가운 마음이라도 하나의 쪽배로 옮겨 타기는 어렵고 서로 줄을 당겨 동행하는 것이 낫다. 무리하게 한쪽으로 옮겨 타면 십중팔구는 파선한다. 줄이 너무 바짝 당겨있어도 균형을 잡기 어렵고, 너무 느슨하면 동행하는 맛이 없다. 사이에 다른 쪽배가 끼어들기도 한다. 서로의 눈길을 나눌 수 있을 만큼, 목소리를 너무 높이지 않아도 이야기를 나눌 수 있을 만큼 적절히 멀리 혹은 가까이 있어야 항해가 순조롭다. 누군가와는 줄을 바짝 조여 매고 누군가와는 절대 줄을 나누려 하지 않는다. 원해도 줄을 나눌 수 없기도 하고 원하지 않아도 줄을 공유할 수밖에 없기도 하다.

줄이 끊어져 소중한 쪽배동지와 이별을 하기도 하고 그 슬픔에 방향을 잃고 생각 없이 흘러가기도 한다. 마음을 다잡아 다시 항해를 하기도 하지만 아예 포기하기도 한다.

뭍에 정박해 잠시 안정을 취하기도 하지만 오래도록 그럴 수는 없다. 쪽배항해규정이 그러하다. 규정이 아니더라도 바람과 별과 비가 그것을 허용하지 않는다. 물로 내몬다. 드물게는 항해에 대한 두려움으로 정박을 고집하다보면 뭍에 처박혀 오도가도 못하게 되기도 한다.

당신은 어떠한 쪽배를 배정받았다고 여기며 어떤 물가로 흘려보내졌다고 생각하는가.

항해 중 줄을 나눈 다른 쪽배는 어떠했으며 당신은 그 쪽배와 어떠한 이야기를 나누었는가. 무엇을 잃었으며 무엇을 얻었는가. 어떤 기쁨을 경험했으며 어떠한 슬픔을 겪었는가.

어떠한 쪽배를 배정받았건, 어떤 물로 흘러들었건, 바람이 어떠했건, 낚시를 얼마나 성공적으로 했건 상관없이 쪽배 바닥에 감추어둔 당신만의 보물이 있는가.

쪽배가 닳고 닳아 더 이상 항해를 지속할 수 없을 때에도 그것은 당신의 보물일 수 있는가.

(2012년도 현대수필 봄호에 게재)

쓸쓸함에 관하여

쓸쓸함에도 등급이 있다. 친구들과 어울려 노래방 가고 쇼핑해서 후련해진다면 3등급, 이런 것은 '심심하다'고 한다. 마음 맞는 벗과 술잔을 기울이며 이야기와 눈물과 한숨으로 털어낼 수 있다면 2등급, '그냥 쓸쓸함'. 어떠한 방법으로도 해결이 어려우면 1등급이다. '절대 쓸쓸함'이다.

'절대 쓸쓸함'이란 멜랑콜리한 쓸쓸함, 가을바람에 코트 깃을 올리고 비에 젖은 낙엽이 깔린 덕수궁 돌담길을 상념에 젖어 걷는 상투적인 쓸쓸함을 이야기하는 것이 아니다. '절대 쓸쓸함'이란 단지 고요한 달밤에 홀로 길을 걸으므로 다가오는 것도 아니다.

비어있는 가슴 속으로 찬바람이 몰려드는 저항할 수 없는 시린감. 불러들이는 감정이 아니라 헤르페스 바이러스처럼 한 구석에 자리하고 있다가 시시때때로 나를 움켜쥐는 차갑고 끈끈한

손. 가슴을 짓누르기도 하고 목을 조이기도 한다.

'절대 쓸쓸함'은 원초적 결핍에 근거한다.

절대 쓸쓸함=[사랑받은 양X 교류의 질X 영혼의 깊이]의 역수

쓸쓸함은 '의미 있는 사람으로부터 받은 사랑의 양'과 '그 사람과 나눈 교류의 질'에 반비례한다. 사랑이 넉넉할수록, 점성도가 높을수록 쓸쓸함은 멀어진다.

의미 있는 사람이란 일차적으로 부모가 되겠다. 조부모일 수도 있고 생면부지의 누구일 수도 있지만 인간의 근본적 관계인 부모가 우선이다. 그것은 개체의 생존과 밀접한 관계가 있기에 우리의 DNA가 그렇게 말한다.

교류의 질은 물리적 시간의 양뿐 아니라 깊이, 소속감, 어우러짐, 나눔 등의 경험에 의해 정의된다. 생물학적인 부모가 있어도 지극한 관심이 없다면 쓸쓸할 가능성은 많다. '사랑'의 질이 떨어지니까.

'절대 쓸쓸함'에 매몰되지 않는 최소한의 방법은 마음훈련이다. 마음훈련을 통해 쓸쓸함을 덜 수 있다. 마음훈련은 영혼의 그릇을 키우는 일이다.

책을 읽고 곱씹어보고, 조용한 시간을 가지고 자신의 내부소리에 귀 기울이며, 동시에 타인을 지켜보고 숨겨진 의미들을 읽고, 사물의 속성을 살피고 심도 있는 이야기를 나누고, 바느질이나 화초를 키우며 심취할 일도 만들고, 피곤해 쓰러져 잘 정도의 노동도 하면서.

사랑받은 양이 극히 적고 생애 주요 인물들과 질적 교류에 실패했다면, 마음 닦기에 맹렬한 노력을 기울인다하더라도 뼛속까지 시린 맛은 이겨내기 어렵다. 사랑의 밑천이 너무 가볍기 때문이다. 꺼내 쓸 것이 없다.

극복하지 못한 쓸쓸함은 마음의 공부에 턱을 만들어 '절대 쓸쓸함'에 발을 담그게 하고야 만다.

영혼의 깊이를 무한대로 늘리면 '절대 쓸쓸함'이 '제로'에 가깝게 되겠지만 이 세상 대부분의 인간에게는 불가능한 도전이다.

아예 포기하면 좀 나을지도 모른다. 쓸쓸함의 체화(体化)다. 쓸쓸함을 운명처럼 지는 거다. 정의하지도 않고 어디서 오는 것인가 살피지도 않고 '아, 쓸쓸하구나!' 하고 마는 거다. 자신을 지키는 한 방법이 될 수는 있지만 누구나 할 수 있는 것은 아니다.

'쓸쓸함의 체화'의 부작용은 무감각이다. 쓸쓸함에서 버티기 위해서는 닥쳐오는 자극들에 반응하지 않는 것이 안전하다는 것을 안다. 선별적으로 반응하기는 어려우니 주변과의 감정적인 교류 자체를 원천봉쇄하는 것이 쉽다. 그러나 대부분 활기 역시

잃는다.

D는 일찍 아버지를 여의었고 어머니는 재가(再嫁)했다. 어머니를 따라 새아버지 집으로 들어가며 아버지의 유품을 모두 없애도록 종용받았다. 집안 어른들의 새 가정을 꾸미는 어머니에 대한 배려였다. 새아버지와의 생활에 전력해야한다고 누누이 들었다. 어머니는 아들 데리고 팔자 고쳤다는 이야기를 들을까 걱정스러웠는지 살갑지 않았다. 저분저분하지 못한 D가 어머니의 새로 시작된 생활을 불편하게 했는지도 모른다. 새아버지가 잘해줘도 겉돌았다. 혼자라는 느낌을 지우기 어려웠다. 어디에도 속해있지 않았다. 동생이 둘 생겼다. 완전한 외톨이가 되었다.

영국 유학 시절, 연구실에서 하숙집으로 돌아가는 늦은 시간, 이미 날은 어둡고 길 건너 집들은 따스한 불빛에 싸여 있다. 포근한 불빛 속에 온 가족이 모여 식사하고 이야기를 나누고 함께 웃는다.

지켜보며 버스를 기다리곤 했다. 눈앞에서 펼쳐지는 정경과 대비되어 고독은 절절했다. 물리적으로도 심리적으로도 완벽하게 혼자였다. 매일 저녁 허리를 꺾고 울음을 터뜨릴 지경이었다. 사랑 받아본 흔적 없이, 누군가에게 소중하게 다루어진 적 없이 홀로 내던져진 쓸쓸함의 늪에서 허우적거렸다.

사랑받지 못한 사람은 항상 위협을 느낀다. 미래에 자신을 혼자 책임져야한다는 불안이 깔려있다. 시쳇말로 빽이 없다.

소중하다고 여길 누군가가 생기면 관계를 유지하기 위해 비굴하도록 다 내어준다. 다시 내버려지는 것이 두렵다. 배짱이 있으면 문제해결에 적극적일 수 있어 좀 나을 텐데 웬만해서는 배짱이 생겨나질 않는다. 사랑이라는 양식을 먹은 적이 없어 마음에 살이 붙지 못한 탓이다.

D는, 다시 홀로 되는 것이 두려워 살면서 많은 것을 양보했다.

한 달된 아이를 맡기고 미국유학을 떠난 아내 대신 장모와 함께 아이들을 키웠다. 감히 자신이 원하는 것은 이것이 아니라고 말하지 못했다. 자신이 원하는 것이 무엇인지도 몰랐다. 오히려 점잖게 다녀오라고 했다.

손을 내밀 곳조차 없는 외로운 섬에 갇혀 사랑의 원초적 결핍을 운명처럼 입고 있었다. 이것이 내 옷이려니 했다. 다른 것이 있는지도, '쓸쓸함'이라는 이름으로 불리울 수 있는 것인지도 몰랐다. D에게 있어서 사랑은 '상실'이 아니라 생애 가져본 적조차 없는 '생소한 그 어떤 것'이었다.

아내가 자유선언을 하고 D의 곁을 영원히 떠났을 때도 돌아갈 곳이 없었다. 어머니는 아이들 키워줄 아주머니를 구해달라는 D의 부탁을 거절했다.

아이들을 두고 홀로 장모의 집을 나선 후 자멸적 폭음으로 외로움을 잊으려 했다. 정신을 잃을 만큼 술을 마시고 곯아떨어져 자고 술내 풍기며 아침 강의를 하고 또 술을 마셨다. 가슴은 사막처럼 말라가고 눈은 눈물로 범벅이 되지만 등을 토닥여 줄 사람은 어디에도 없었다.

거듭된 상실에서 선택한 생존전략은 무심해지는 것이었다. 보고 있지만 느끼지 않는 것, 감정이 속으로 파고들 여지를 주지 않는 것이다.

최소한의 숨을 쉬고 아픔을 잊으려 산에 오르고 바위를 타며, 지쳐 쓰러지기까지 테니스를 치고 공부를 했다.

간간이 애를 써도 떨치지 못하는 쓸쓸함에 허둥대기도 했다. 속내를 감추고 야멸차졌다.

이제, 늦게 다시 이룬 가정에서 조심스레 '쓸쓸함'의 등급을 낮추고 있다. 사람의 손에 의지하여 마음을 꾸린다.

수식으로 풀어봐도 '절대 쓸쓸함'의 해결은 사람이다.

통증을 방치하면 신경체계가 망가져 종국에는 손을 쓸 수 없는 상태가 되듯이 불행히도 '절대 쓸쓸함'이 위로받지 못하고 방치되면 '치명적 쓸쓸함'으로 전이되고 만다.

이것은 또 다른 쓸쓸함이다.

(현대수필 2012년 가을호에 게재)

위풍당당, 에베레스트

심심하면 TV를 켜고, 더우면 에어컨을 틀고, 장 볼 일이 있으면 자동차에 시동을 건다. 작은 노력으로 앞에 놓인 문제들을 얼마든지 해결할 수 있다. 손길을 뻗치기만 하면 내 욕구에 맞춰 변화를 줄 수 있다. 내가 내 생활의 주체임에 틀림없다.

생활의 제약이라고 해봤자 눈이 많이 오면 집에서 큰길로 내려가는 언덕이 미끄러워 벌벌 떨며 엉금거리는 것 정도라고나 할까. 그것도 염화칼슘 뿌리고 등산화 신으면 극복 못할 일은 아니다. 아이젠까지도 필요 없다.

평상시 자연이 내게 어떠한 영향을 미치는지 생각해본 적이 거의 없다.

인간이 자연의 일부라느니 인간도 동물과 그다지 다르지 않다느니 자연 앞에서 인간은 무기력할 수밖에 없다느니 하는 말은 교양으로 들을 뿐 가슴에 새길 일이 없다.

쓰나미와 지진으로 엄청나게 많은 사람들이 어이없는 피해를 보는 기사를 신문에서 읽으면 '어이구, 무섭구나!' 하면서도 한편 담담하게 '그렇구나' 하곤 한다. 성금을 보내면 그뿐이다. 도무지 머리로 이해할 뿐 몸에 와 닿지를 않는다.

지난 1월 22일부터 보름간 칼라파트라(해발 5,545m)를 목표로 에베레스트 루트 산행을 했다. 카트만두에 내려 하얏트 호텔에 머무를 때는 물론이고 산행의 시작인 루크라(해발 2,840m)에 도착할 때까지 난 '자연'이라는 존재가 내게 일방적이고도 절대적인 영향을 미치리라고는 상상도 못했다. 심지어는 루크라에서 짐을 기다리는 시간 동안 빨리 걷고 싶어서 살짝 몸이 달기도 했다. 왜 빨리 산행을 시작하지 않는지 기대와 설렘으로 지루하기까지 했다.

트래킹에 대비하여 고도가 높은 곳에서 나타나는 증상들에 대해 공부를 했고 이미 경험한 사람들이 고소증 증상들에 대해 이야기를 들려줬지만 '그런가보다' 했을 뿐이다.

1996년 스위스의 융프라우(해발 3,454m)에 갔을 때는 그곳이 그렇게 높은 곳인지도 몰랐고 특별히 느낀 것도 없었다. 도봉산에서 논 것처럼 눈밭에서 신명을 냈다.

2009년 대만의 옥산(해발 3,996m)에서도 홍콩에서 온 젊은이들이 고소증세로 정상등정을 포기할 때 '왜 그러나…' 싶었다. 모든 것을 귓등으로 들었다. 경험의 무지로 에베레스트 트레킹의 실체를, 해발 5,000미터라는 게 뭔지를 몰랐던 것이다.

23일 오후 루크라에서 비로소 하루 7~8시간씩 걷는 산행이 시작되었다. 먹고 나서 걷고 자고 나서 또 걷는 일이 계속되었다. 에베레스트를 향해 걷는 것이어서 고도가 점점 높아졌다. 산길을 걷는 것이 어려운 것이 아니라 고도가 높아지는 것이 힘들었다.

우리의 산행은 남체 바잘(해발 3,440m), 텡보체(해발 3,860m), 딩보체(해발 4,352m), 로브제(해발 4,620m), 고랍셉(해발 5,100m)으로 이어졌다. 우리들은 점점 교과서에 나오는 고소증세를 보이기 시작했다.

두통, 구토, 심하게 뛰는 심장, 줄어드는 식사량, 숨가쁨, 하지무력증 등.

그에 대한 대처방법은 천천히 움직이고 물을 많이 마시고 소변을 자주 보고 털모자를 써서 체온을 빼앗기지 않게 하는 게 전부다. 조금 적극적인 대처법이라면 진통제나 이뇨제, 폐혈관확장제 등을 복용하는 것. 그래도 그것을 치료법이라고 말할 수는 없다. 고소증세에는 치료법도 예방법도 없으니까. 나타나는 증상도 그 시기도 사람마다 모두 다르다.

제반 증상들이 나타나면 '이런 것이 고소증상이구나' 받아들이는 거다. 구역질이 나면 '아, 구역질이 나는 구나', 숨이 차면 '아, 숨이 차는 구나' 할 뿐이라는 것. 어떻게 할 수 있는 게 아니니까.

고랍셉(해발 5,100m)에 다다르자 산행의 고도에 따라 조금씩 부풀어 오르던 얼굴들이 급기야는 커다란 호빵처럼 되었다. 기압이 낮아지면 배낭 속의 사탕봉지가 빵빵하게 부풀어 오르는데 얼굴도 사탕봉지 모양이 되었다. 자연은 공평했다. 사탕봉지나 인간이나 똑같이 취급했다. 인간이라고 봐주지도 않고 여자라고 봐주는 법도 없다. 눈꺼풀은 부풀어 눈을 거의 덮을 지경이 되었는데 그런 양상이 얼굴에만 오는 것이 아니라 겉으로는 보이지 않아도 혈관도 내장도 뇌도 다 풍선처럼 부풀었다는 것이다. 그래서 구역질도 나고 머리도 아프다는 거다.

고도가 높아질수록 기온이 떨어졌다.

페리체(해발 4,250m)와 딩보체(해발 4,352m)에 마지막 동네가 있을 뿐 그 이상의 높이에서는 사람들이 살지 않는다. 야크몰이꾼의 임시거처가 있지만 그것도 여름철에만 쓰인다.

등산 중 먹고 잠을 잔 숙소들을 롯지라고 하는데 간이식 임시 숙소다. 평상시 기거하는 사람이 있는 것이 아니라 미리 예약된 스케줄에 따라 바로 그 시간, 그날만 제공되는 것이다. 일에 따라 일시적으로 머무르고 밥을 끓이는 것이 롯지의 역할이다. 롯지는 커다란 홀 하나와 작은 방들로 구성되어있다.

롯지의 방은 2인 1실로 되어있는데 바람을 막고 몸을 누이는 것이 최대 목적이기에 전혀 난방이 되어있지 않다. 물론 단열재를 사용한 흔적도 없고 유리창은 플라스틱 패널로 되어있는데 밤새 꽁꽁 얼음이 언다. 대부분 화장실은 옥외에 있다. 여기저기 흘린 오줌이 얼어 바닥이 미끄럽다. 자칫하면 푸세식 화장실 구멍으로 빠진다. 심지어는 등산용 스틱을 가지고 들어가 일을 보는 동안 몸의 균형을 잡아야한다. 따뜻한 물이 필요하면 따로 끓여야하고, 양치질의 입안을 헹군 물은 꽁꽁 언 땅 아무 곳에나 뱉는다. 집안에 개수대가 없는 게 보통이다.

물론 세수는 금물이다. 물티슈로 닦는다. 머리 감는 것은 말할 것도 없다. 이것은 물티슈로도 해결이 안 되니 하산해 호텔에 갈 때까지 그저 잊는 게 좋다.

영하 20도의 추위를 극복할 어떠한 문명적인 이기(利器)도 없다. 전기장판도 없고 전기 히터도 없고 보일러 같은 건 더욱 없다. 잠자리를 위해서는 나무침대와 그 위에 놓인 매트가 전부다. 홀 가운데 있는 야크 똥이나 나무를 때는 난로에 의지해 잠자리에 들기 전까지 체온을 빼앗기지 않는 것이 최선이다. 시간을 죽이기 위해 홀에 옹기종기 모여 카드놀이도 하고 일기도 쓰고 수다도 떨면서 불이 꺼질 때까지 버틴다. 불이 꺼지면 어쩔 수 없이 뼛속까지 차가워지는 방으로 향한다.

잘 때는 침낭 속에서 오리털 잠바를 입고 모자를 쓰고 뜨거운 물통을 끼고 자야한다. 뜨겁던 물은 시간이 감에 따라 천천히

식고 그 물이 마시기 좋을 만큼 식으면 아침이다. 고도가 높은 곳에서는 물을 많이 마시고 소변을 자주 봐야 고소증세에 덜 시달리기 때문에 자면서도 물을 마신다. 물을 마시니 따라서 소변도 자주 마렵다. 아침이 되기 전에 화장실을 적게는 한두 번 많게는 서너 번을 가야한다. 따스한 침낭에서 나와 정신이 번쩍 드는 차가운 공기 속으로 나와야한다. 잠을 자는 건지 소변을 보는 건지 헷갈린다. 그래도 차가운 하늘에 휘영청 떠있는 보름달을 보는 것은 특별하다. 잠에 취한 눈으로 봐도 특별하다.

아직 해가 덜 솟았을 때 아침을 먹고 걷기 시작한다. 한 시간쯤 지나면 해가 솟는데 그제야 좀 견딜 만하다. 숨을 헉헉거리며 걷다보면 더워지고 땀도 나고 하니까.

그래도 가시지 않는 한기로 콧물이 물처럼 흘러내리고 또한 막힌다. 할 수 있는 것은 수시로 코를 푸는 것과 테라마이신 안연고를 콧속에 바르는 것이 전부다. 그렇다고 나아지는 것은 별로 없다. 자주 코를 닦아 콧속이 헌 것을 좀 달래보자는 것뿐이다.

산길에 간이식 화장실 같은 게 있을 턱 없으니 산 전체가 화장실이다. 적절한 때 대장이 '남자는 오른쪽, 여자는 왼쪽!' 하면 성별로 갈려 숲으로 들어가 요령껏 일을 처리한다. 하루 이틀 지나자 부끄러움도 망설임도 없이 남녀가 아니라 그저 '인간'으로 행동하고 또한 그러려니 한다.

고도가 높아지면 공기 중 산소가 적어진다. 혈액의 산소포화도 역시 낮아지고 작은 움직임에도 에너지가 많이 든다. 덕분에 잘 먹어도 군살이 빠지고 몸이 가벼워진다.

해발 5,000m가 되면 혈액 내 산소포화도가 70~80%로 떨어진다고 한다.

여담이지만 이런 것을 이용한 다이어트 트레킹이 있다고 한다. 허나 샌드위치로 끼니를 때우고 고도가 높은 곳에서 걷고 또 걷는 것은 자칫 고소증으로 죽음을 자초할 수도 있다. 설혹 트레킹 중 몸무게를 줄인다 해도 하산 후 다시 원상태가 될 공산이 크다. 고도가 높을 때는 식욕을 잃지만 고도가 낮아지면 식욕이 더욱 왕성해지니까.

등산 8일 후 고랍셉에서 하산을 시작했다. 나흘 만에 다시 루크라에 도착. 부풀었던 얼굴들이 어느 정도 작아졌다. 아직 만족할 만큼은 아니지만 눈을 뜨기는 한결 편안해졌다.

놀랐다.

사람도 자연의 영향력 아래에서는 무기력하다는 뻔한 사실에 놀랐다. 사람도 자연의 한 부분임에 틀림없는데 도시생활은 그런 사실을 잊고 살게 한다. 도시생활은 온전히 내 삶이 내 주도 아래 놓인 것처럼 착각하게 한다.

달이 둥글다고 산에 올라 늑대처럼 울부짖는 사람도 없고 겨울이 되었다고 땅굴 속에서 잠을 청하는 사람도 없다. 그저 집 근처 산에서 계절 따라 산새가 울고 나무들이 변하는 것을 즐길 뿐 절대적인 그 영향 하에 놓이는 일은 없으니까.

자연은 사람의 사정을 보고 변해주는 게 아니라 그저 숨겨진 원칙에 따라 추워졌다 뜨거워졌다 하며, 쓰나미도 지진도 화산폭발도 울창한 숲도 생겨나고 사라진다. 자연은 비위를 맞추는 법도 없고 아부하는 법도 없다. 언제나 그 자리에서 늠름하다.

사람은 자연을 극복하고 조절하면서 문명을 이루어왔다. 인간은 절대적인 힘에 순종할 수 없는 성정(性情)과 지력(知力)을 지녔는지 인류사 이래 끊임없이 자연과 맞짱을 뜨고 있다. 그래봐야 자연이 한 번 '으르렁!' 하면 그저 주저앉을 뿐임에도. 아니 콧김만 세게 불어도 그럴진대.

경험 없는 완전 도시 여인, 나는 에베레스트 루트에서 무릎이 꺾이며 자신의 무력함에 놀라기도 하고 조금 의기소침해지기도 했으리라. 에베레스트 루트 산행에서 고도가 높아질수록 손에 잡힐 듯 곁에 바짝 내려앉는 아름다운 산들, 강테가, 아마다불람, 로체, 촐라체, 푸모리, 에베레스트들도 잊지 못하겠지만 자연의 그 위풍당당함과 그 앞에서 한없이 작았던 자신 또한 잊지는 못 할 것이다.

(2010년 현대수필 가을호 참여마당란에 게재)

참고: 이 글은 2010년 2월에 쓰여졌습니다.

'자유'하다

능동적 동사로서의 '자유'하다.

내게 주어진 것으로서의 자유를 소극적으로 받는 것이 아니라 '자유'를 옷처럼 입고 즐기는 의미로서의 자유다.

인간이 세상에 태어났다고 하는 것은 '절대적 자유'의 포기를 전제한다. 자의든 타의든 포기각서에 서명한 것이다. 타인과 나누는 '관계적 자유'만이 존재한다. 그 자유의 타협점을 찾는 것이 삶의 과제이며 난제다.

남편의 고교 산악반 동기, 후배와 그들의 아내들이 부부동반 모임으로 만나기 시작한 것이 몇 년 된다. 남편들이 자기들끼리만 놀지 말고 마나님들에게 적절한 아부를 하는 것이 정년 후를 위해 보험 드는 것이라는 견해에서 시작됐다.

여름에는 팔월 초순경 더위가 기승을 부릴 때 만난다. 일명

'물텀벙'이다. '아침갈이' 같은 길 없는 계곡을 찾아가 물길을 따라 첨벙첨벙 걷는 것이다. 신발도 양말도 바지도 심지어는 윗도리도 적시며 걷는다. 젖는 것에 신경 쓰지 않는다. 일부러 적시기도 한다.

마침 큰물이 들어 행사를 건너뛰는 해도 있지만 매년 모임을 비슷한 시기에 시도하는 것이 원칙이다. 여름의 한 가운데에서 물이 풍부하고 볕이 내리쪼이는 때를 고른다. 햇살이 따가워야 젖은 옷이 잘 마르지만 하늘을 내가 원하는 대로 조작할 수 없는 법이니 그저 물길이 너무 급하거나 깊지 않기를 바랄 뿐이다.

올해도 어김없이 팔월이 왔고 '물텀벙' 프로그램이 진행됐다.

방동약수터에서 시작해 '아침갈이'로 가는 길은 사륜구동 자동차가 겨우 지날 수 있을 만큼 바닥이 울퉁불퉁하고 굴곡이 심하다. 좁기까지 해 맞은편에서 차라도 오면 길가 나무와 풀들이 자동차 바퀴에 수모를 당해야한다.

자동차가 지날 때 나뭇가지들이 차창을 때리고, 바닥은 '자유'로워 차안의 우리는 끊임없이 상하좌우로 흔들린다. 갈비뼈에 골절이 생기는 것은 아닐까 싶을 정도다. 로데오 말 등에 올라탄 듯 흔들리며 우리는 십대처럼 연신 키득댄다. 이것이 '물텀벙'의 에피타이저다.

'물텀벙'은 물 흐르는 계곡을 철버덕 철버덕 걷는 아주 단순한

놀이다.

물에 빠지지 않으려 애쓰는 걷기가 아니라 일부러 물에 빠지며 텀벙거리는 놀이다. 어린 시절 비 오는 날 물웅덩이를 터벅거려 흙탕물을 여기저기 튀기는 것과 비슷하다.

수영도 아니고 낚시도 아니다. 높은 지력도 대단한 담력도 필요하지 않다. 준비물도 필요 없다. 물 빠지는 신발과 스틱만 있으면 된다. 한 돌 지난 후 오랫동안 해왔던 걷기를 계곡물 따라 하는 것이다. 무릎 아프기 전에 해야 할 존재확인의 산행과 같은 처연한 도전이 아니다.

갈아입을 옷과 물, 간단한 간식을 넣은 배낭을 메고 스틱을 짚고 자갈이 울퉁불퉁한 계곡을 따라 걷는다. 맑은 물 속으로 바닥의 돌멩이와 굵은 모래가 얕게 들여다보이고 주변 산은 알프스의 산자락을 연상시킨다.

그 안온함은 고향집 툇마루에 누워 내다보는 여름 한낮의 나른한 들판 같다.

발을 담그기 직전의 조심스러움은 사라지고 물에 나를 맡기며 자유를 만끽한다. 미끄러운 돌들을 살펴 밟으며 발목을 적시고 무릎까지 물을 채운다. 자칫하면 벌러덩 나가떨어지기 십상인데 그것도 재미다. 순간 엉덩이가 젖어 오줌 싼 아이처럼 되지만 엄마에게 야단맞을까봐 울지 않아도 된다.

브래지어가 젖을 만큼 물이 깊은 곳에서는 배낭을 이고 조심조심 피난민처럼 개울을 건넌다. 한손에 모아 잡은 스틱은 이미 물에 잠겼고 가슴까지 찬 물에 가벼운 공포와 스릴을 맛본다.

얕은 물가로 걸어 나와 홀딱 젖은 옷가지에 조금쯤 겸연쩍어지지만 뭐 어떤가, 물에 빠졌으면 그런 거지. 바지가 달라붙어 팬티 입지 않은 모양이 되더라도 뭐, 입었는데 뭘. 너도 나도 예외 없는 물에 빠진 생쥐 모양에 안도한다.

비가 쏟아진다.

손이 모자라 우산을 쓸 수도 없지만 쓰고 싶지도 않다. 자연에 온전히 나를 내맡기는 일을 언제 할 수 있을까. 도시여인들이야 더욱. 엄격한 가정교육을 받은 도시여인들은 더더욱.

쏟아지는 빗방울은 잔잔했던 수면을 젖유리처럼 만들고, 물속의 작은 물고기들은 내 다리의 각질을 입질하며 닥터 피시인 양 군다.

'물텀벙'에는 언제라도 찾아가 만날 수 있는 어머니의 무릎을 베고 누운 것 같은 안도(安堵)가 숨어있다. 꾸밀 것도 애태울 것도 없이 나를 온전히 개울에 던짐으로 얻는다.

'아침갈이' 계곡은 항상 그 자리에 있다. 내가 원할 때 그것을 찾고 그것을 끌어안으면 된다. 날 거부하지도 차별하지도 않는다.

'물텀벙'이 끝나는 순간, 집으로 돌아가기 위해 물에서 발을 빼는 그 순간부터 다음 '물텀벙'을 기다린다. 오후 빗긴 햇살에 물방울 맺힌 나뭇잎들의 반짝임과 촉촉하면서도 시원한 자연바람을 뒤로 하고 올해 '물텀벙'을 마무리 지으며 어김없이 아쉬워한다.

든든한 보호자인 남자들이 있고 얘기 벗 여자들이 있어 '물텀벙'은 더욱 '자유'하다.

내게 있어서 '물텀벙'은 '자유'와 동의어다.

(2012년 서초수필회 동인지 '없다'가 사라진 식탁에 게재)

투게더

일전에 남편을 따라 대만의 학회에 간 적이 있다. 대부분의 학회들은 배우자 프로그램을 가지고 있어서 남편 혹은 부인이 세미나에 참석하는 동안 그 짝들은 관광을 하며 유유자적한다. 유적지를 보고 그 도시만의 특별한 경험을 하며 그 나라를 이해한다. 우회적이지만 외교의 일환이다.

노벨상을 받은 미국의 한 물리학자의 아내는 뉴욕대 음대 교수였다. 최고의 지성을 갖춘 뉴요커의 자부심이 하늘을 찌른다. 조증(躁症)에 가까운 쾌활함으로 목소리 톤이 높다.

관광 중 구관조가 손님을 맞는 음식점에 들어섰다. 문간에 커다란 새장에서 구관조는 드나드는 사람들을 구경하고 있었다. 그녀는 예의 신명나는 태도로 구관조에게 소프라노 실력을 발휘했다. 새는 깜짝! 놀라며 움츠러들었다. 그녀는 자신에게 호의를 보이지 않는 새의 태도에 당혹해하면서 거듭 시도했다. 아리아의 한 토막을 뽑았다. 무정하게도 새는 그녀의 성의에 점수를 주지 않았다. 그녀는 '네가 아리아를 알겠냐'는 시큰둥한 표정으로 돌아섰다.

나는 새와 대화하고 싶었다. 유치하지만, 은근히 뉴요커 음대 교수의 코를 납작하게 하고프다는 생각도 있었던 것 같다.

구관조 소리를 최대한 흉내내 말을 걸었다. "쿠쿠쿠√쿠쿠∝."

구관조가 냉큼 내게 대꾸를 했다. "쿠쿠쿠√쿠쿠∝."

한두 차례 우린 더 대화했다. 물론 그 내용이야 어찌 알겠는가. 구관조 언어를 내가 모르니 해석이 불가능하다. 새는 '웬 사투리?' 했을지도 모른다.

새는 내가 생긴 것은 이상하지만 제 친구인 줄 아는 모양이었다.

음식점 안으로 들어서려던 그녀가 일순간 돌아서며, 극동의 작은 나라 한국에서 온 영어를 버벅 대는 여자를 보았다.

의아함과 가벼운 패배감이 깃들인 표정이다. 내심 우쭐했다. 뉴요커가 못한 걸 서울라이트(Seoulite)가 했다! 싶었다. 뭐, 괜한 콤플렉스일 수도 있다.

상대를 나의 '예스 맨'이 되게 하려는 의도가 아니라면, 누군가와 친구가 되고 싶은 것이라면 내 목소리가 아니라 상대의 목소리로 노래해야한다.

'같이' 노래해야 나눌 게 있다. 노래가 되었든 마음이 되었든.

지구촌

1980년대 유행하던 말 중에 '지구촌'이란 말이 있었다. '우리는 하나'라면서 지구가 작아졌다고들 했다. 그땐 내심 웃겨! 했다. 지구촌은 무슨 지구촌. 미국 동부나 뉴질랜드로 가려면 열 댓시간을 비행기 속에서 자다가 깨다가를 반복해야하는데… 했다.

나는 1990년대에 들어 이메일을 쓰기 시작했다. 그것이 참으로 묘했다. 상대편 시간 맞춰 전화를 해야 하는 수고로움을 덜어줬다. 게다가 공짜였다. 가끔씩 이메일이 어딘가에서 며칠씩 잠을 자는 일도 있긴 했지만 대체로 큰 어려움 없이 서울소식을 독일에 가 있는 남편에게 실시간으로 전할 수 있었다.

2000년이 되자 노트북이라고 불리는 랩탑 컴퓨터가 대세를 이뤄 너도나도 낑낑대며 노트북 컴퓨터를 들고 다녔다. 노트북 컴퓨터는 나날이 진화해 가벼워지고 얇아졌다. 노트북 컴퓨터의 기능을 극대화시키기 위해 관련 소프트웨어들도 진화했다.

전화선과 같은 통신선이 없이도 전파로 연결되는 무선 랜이 등장하며 노트북 컴퓨터의 위세는 날로 치솟았다. 언제 어디서나 지구촌 곳곳의 소식을 듣고 지구촌 곳곳에 있는 지인들에게 소식을 전할 수 있다. 개인의 행동반경이 넓어졌을 뿐 아니라 정보에 대한 접촉이 시공간을 초월하게 되었다.

2010년을 전후해 전 세계는 페이스 북, 트위터 열풍으로 지구촌 소식 전하기에 가속도가 붙었다. 한 사람의 사이트에 동시 여러 사람이 접촉할 수 있고 또한 소식을 전할 수 있어서 파급효과가 기하급수적이다.

최근에는 스마트 폰이 가세하여 거추장스럽게 노트북을 들고 다니지 않아도 손 안에 컴퓨터를 쥐게 되었다. 걸으며 이메일을 읽고 칸영화제 소식을 듣는다.

기어코는 '지구촌은 하나'라는 명제에 나도 예외가 아니게 되었다.

지구가 하나로 묶인 탓에 미국발 금융사태가 전 세계로 번져 충격과 두려움을 주었다. 혼이 난 사람들은 작은 변화에도 이게 자라가 아닐까, 과민반응 하는 체질로 변했다.

덩달아 불안해하고 있던 차에, 이사하려는 계획을 가진 내 발목을 잡고 흔드는 일이 발생했다. 잔금을 치러야 할 돈이 펀드에 들어있는데 먼 나라 그리스의 채무상태 불량으로 유럽이 출렁, 여파로 내 통장도 출렁이는 상황이 되었다.

서울의 평범한 한 아줌마가 지구촌 소식에 촉각을 곤두세우게 되었다.

하드웨어와 날로 진화하는 소프트웨어의 연합이 사람들 사이의 연결을 긴밀하게 하며 거대한 연결망으로 얽히는 세상이 되었다.

지구촌이 되면서 생존에 필요한 지식의 바다는 한없이 넓어졌다.

정신없이 돌아가는 세상이다.

개미와의 전쟁

서양난이 필 무렵이면 꽃봉오리 주변의 진액을 먹기 위해 개미들이 달려든다. 작은 놈, 큰 놈, 옅은 색을 가진 놈, 검은 놈, 붉은 놈, 몸이 맑게 비치는 놈 등 다양하다. 그래도 조금 떨어져서 보면 비슷비슷하다. 그저 개미다.

바글거리는 놈들을 잡기 위해 내가 사용하는 무기는 문구용 접착테이프다. 개미를 살짝 눌러 붙인다. 가끔은 끈적이 위에서도 살살 기어가는 놈도 있지만 내게는 어림없다.

일을 하고 있는 어떤 놈을 집어 올리면 먼 곳의 다른 놈이 긴장하고 움직임을 멈추거나 꽁지가 빠져라하고 도망을 한다. 페르몬이라는 화학물질의 작용 때문이라고 하지만 신기하다. 뇌(腦)랄 것도 없어 보이는데 생존지능은 충분히 발달되었는가 보다.

몇 번 그와 같은 공격이 반복되면 이놈들이 기억을 해서 내가 다가서는 것 자체를 위험으로 감지하고 경계한다. 어떤 공격이 올지 가늠한 후 즉각 행동을 취하기 위한 '스탠바이' 상태에 돌입한다.

꽃봉오리에 잔뜩 붙어 있다가 내가 공격을 하면 부지런히 꽃대를 타고 기어 내려가는 놈도 있지만 바닥으로 툭! 떨어지는 예상외 방어기제를 쓰는 놈도 있다. 혹은 꽃대 사이나 꽃대를 묶어 놓은 철사 사이 같은 공격하기 어려운 자리에 몸을 숨긴다. 꾀가 보통이 아니다.

질 나도 아니다. 익히 터득한 그놈들의 생존전략을 역으로 이용한다. 꽃 밑에 손을 받치고 꽃대를 슬쩍 건드려 그들을 떨어뜨린 후 테이프에 붙인다. 요건 몰랐지? 하는 기분이 든다. 그 놈들이 하강작전을 펴도 내 손바닥 위에서 벗어나지 못하는 거다.

그렇다고 번번이 100% 성공하는 것은 아니다. 내 손바닥 위로 떨어져도 잽싸게 몸을 피해 내 손에서 2차 하강작전을 펴는 놈, 손가락 사이로 빠져 손목을 타고 내 몸 속으로 숨어드는 공격적 작전을 쓰는 놈도 있다. 개미가 몸속으로 들어올까 봐 지레 털어내니 개미의 전략은 100% 완전 성공이다.

너무 바글대면 일일이 잡기가 어려우니 약이 올라서 그냥 스프레이로 물을 잔뜩 뿌리는 작전을 쓰기도 한다. 죽이려는 의도는 포기하고 잠시라도 난에서 떨어지기를 원하는 경우다. 물이 뿜어지면 개미들은 산지사방 흩어진다. 물 묻은 개미를 테이프에 붙이기는 어려우니 잡을 생각은 별로 않고 그저 분풀이를 하는 수준이다. 대부분의 비 맞은 개미들은 살 수 있으며 얼만큼의 시간이 지나면 다시 난을 공격할 수 있다.

전혀 예상하지 못한 곳에서 우연히 만나 내 손에 죽임을 당하는 놈도 있다. 가엾기도 하고 참으로 운도 없구나 싶기도 하다. 그래도 난을 위해 살생을 서슴지 않는다. 불자(佛子)들이 들으면 답답할 노릇이다.

신과 인간의 전쟁이 이러하리.

신의 손바닥을 벗어나기 어려운 인간이 대부분이지만 드물게는 비웃듯 신의 통제를 따돌리는 인간도 있으리라. 신이 애초의 의도를 변경할 수밖에 없도록 하는 인간도 있으리라. 너무 버둥거려 신이 측은지심으로 내버려두는 경우도 있으리라.

그런가하면 신이 실수를 한 것이 아닌가 여겨지도록 도무지 자신의 것 같지 않은 가혹한 운명을 맞는 인간도 있으리라. 그때 그 자리에 있지 않았으면 당하지도 않을 일을 어이없게도 마침 그곳에 있어 운명을 피할 수 없는 인간도 있으리라.

신이 보기에 우리는 개미와 그다지 다르지 않으리라. 우리가 아무리 제 잘났다고 해도 신이 보기에 우리는 너무도 비슷해서 변별이 어려울 수 있다. 우리들이 알고 있는 개인간 차이가 신에게는 의미가 없을지 모른다. 그놈이 그놈이다. 내가 개미의 개별적 특성을 알지 못하듯이.

혹간은 신이 무차별 공격을 하는 경우도 있으리라. 노는 꼴이 하도 망측해서 이꼴저꼴 보기 싫어 누구라 할 것 없이 싹쓸이 하는 기분으로. 질서 재구성을 목표로 집단처단을 하는 것이다. 누가 살아남을지 누가 도태될지 신 자신도 예정한 바 없을지 모른다. 될 대로 되라고 내던지는 것이다.

나름 자체 질서를 확보해서 다시 시작하겠지.

남는 자들로 새로운 세상을 꾸릴 새 질서를 만들겠지.

(현대수필회 동인지 '사람, 사랑 사랑'에 게재)

한여름 밤의 엔도르핀

번개는 구름에서 땅으로 전기가 전해지는 것이다.

번개가 번쩍ϟ 하고 시간이 흐른 뒤 우르릉~ 하면서 천둥이 울린다.

소리는 3초에 약 1킬로미터를 가고 빛은 거의 순간적으로 이동한다. 소리와 빛 간에는 전달되는데 시차가 있다.

번개 후 3초가 지나서야 천둥소리가 들리면 멀리 1킬로미터 밖에서 낙뇌가 발생한 셈이다. 요란해도 헛기침이다.

번개 후 천둥소리 울리는 시간이 짧을수록 가까이에서 발생한 것이다.

천둥소리가 요란해도 벼락 맞을까 걱정하지 않아도 된다. 벼락을 맞으면 천둥소리를 들을 수가 없다. 이미 정신을 잃었을테니까. 내가 천둥소리를 듣는다는 것은 안전하다는 의미다.

번개는 별다른 장식 없이 번쩍ϟ 하는 것이 대부분이지만 혹간은 하늘이 찌지직〰 갈라지는 소리를 내는 경우도 있다. 칠판에 품질 나쁜 분필로 쓰는 소름끼치는 소리와 흡사하다. 보랏빛 하늘에 거대한 빛의 나무가 팔을 뻗어 하늘을 향해 치솟아 오르는 형상이다.

이번 여름 조금 유난스레 비가 왔다.

이른 여름에는 스콜성 소나기로 퍼붓다가 반짝 개이며 습기가 땅으로부터 피어올라 사우나를 무색케 하곤 했다.

팔월이 되어 급속히 기온은 안정되었지만 천둥번개를 동반한 소나기가 기습하곤 했다. 비가 쏟아붓듯이 내리며 하늘이 요란했다. 스포트라이트에 고성능 스피커를 최대한 볼륨 업 시킨 콘서트다. 조용필의 카리스마가 엿보인다.

어렸을 때에는 천둥번개가 무서웠다. 아마도 요란함이 본능적 방어욕구를 자극했던 것 같다. 이불을 뒤집어쓰기도 하고 엄마에게 매달리기도 했다. 아무런 효험이 없는 대책이지만 위안은 되었다.

자연과목에서 천둥번개의 속성을 조금 배우니 두려움이 한결 줄었다. 아는 게 약이다. 그래도 두려움의 한자락은 남아 괜스레 마음이 불편해지며 집안 전기코드들을 빼기도 했다.

지금도 번개 치면 컴퓨터가 나갈 수 있을 텐데… 하고 우려는 한다.

어느 때부터인가 번개 친 후 천둥소리를 기다리게 되었다. 어느만큼 멀리서 번개가 친 것일까, 우리는 안전할까 뭐 이런 계산에서 기다린다. 번개 친 후 2~3초만 지나도 '이히, 멀리서 친 거로구나' 하고 잊는다. 과학지식의 생활화다.

이제는 쏟아지는 비와 천둥번개로 요란한 여름날이면 통쾌하다. 기다려지기까지 한다. 물난리로 고생하는 분들께는 죄송하다.

속이 후련해진다.

가슴 속에 맺힌 것이 많은지 눈을 부라리고 호통을 치는 하늘이 편들어주는 아버지 같다.

오케스트라의 온 악기들이 집약된 소리를 내는 교향곡의 피날레 같은 해소감을 느낀다.

부드럽게, 조용히, 속삭이듯 하다가 웅장하게 진행되는 음률을 타면서 팀파니가 영원히 그치지 않을 듯 절정감을 고조시키며 시원한 긴장으로 초대한다. 급작스레 세상이 모두 끝난 것처럼 침묵하며 교향곡은 마무리된다.

자연의 교향곡, 비와 천둥과 번개와 바람은 일 년에 몇 번 들을까말까한, 결코 여름이 아니면 만날 수 없는 한여름 밤만의 엔도르핀이다. (서초수필문학회 동인지 '아름다운 진화' 게재)

남편 부르기

서구에서는 연애 중이거나 결혼을 했거나 상황이 어떻게 변해도 한결 같이 남편을 '마이클' '켄' '조지' 같은 이름으로 부른다.

우리나라에서는 양풍(洋風)이 잔뜩 들어 눈치 없이 시부모님 앞에서 남편을 '은석이가' '명철이가' '훈이가' 뭐 이렇게 불렀다가는 대부분의 시부모에게서 핀잔을 듣기 십상이다. 시부모는 며느리가 남편인 아들을 우습게 여기는 것은 아닌가 싶어진다. 최소한 '은석씨가' '명철씨가' '훈씨가' 하는 정도는 되어야 껄끄럽지가 않다.

요즈음 젊은이들은 언제 어디서든지 남편을 '오빠'라고 부른다.

나는 가끔 그녀들의 '오빠'를 '생물학적 오빠'와 혼돈해서 곡해하기도 하고, 내 인지(認知)네트워크에 그 단어가 본래 뜻을 전하는데 매끄럽게 진행되지 않아 '이게 누굴 말하나' 싶어 잠시 멍-

해지기도 한다.

난 궁금하다.

그녀들은 '생물학적 오빠'와 영원하지 않을 수도 있는 '법적 오빠'를 어떻게 변별하는 것일까. 모든 젊은이들은 혼돈 없이 단박에 알아듣고 적절한 반응을 즉각 할 수 있는 것일까. 억양의 변화에 열쇠가 있는 것일까.

연륜이 오랜 부부의 남편이 '아무개야' 부를 때 억양에 따라 아들이 대답하기도 하고 아내가 대답하기도 하는데, 매번 거의 실수가 없는 그것과 같은 뭔가가 있는 것일까.

연상(年上)인 아내는 어린 남편을 '동생'으로 불러야 하나. 아니면 그녀들은 남편을 '오빠'로 부를 수 없어서 때때로 의기소침한 것은 아닐까. 연상녀 아내들은 여동생에게 하듯이 언제나 자신을 귀엽게만 봐달라는 깊은 뜻이 담겨있는 '오빠'라는 호칭을 나이가 많다는 이유만으로 사용할 권리를 애초에 박탈당한 셈이 아닌가. 평생 '오빠'라 부를 수 없는 그녀들은 '누나'로 살아야하는 짐을 지는 것인가. 누나는 항상 동생을 돌보며 의젓해야 하는 거니까. 그 반작용으로 더 어린 티를 내야하는가.

시대에 따라 남편을 부르는 호칭에 변화가 있다. 예전이나 지금이나 한결같이 아직도 많은 부부가 사용하는 '여보', 결혼한 시동생이 아닌 남편을 이르는 '서방님', 좀 서먹한 부부는 '거기요',

아이가 생기면 옳다구나 잘 되었다면서 '○○아빠'

1970년대에 유행했던 연인이나 부부나 할 것 없이 부르고 불리웠던 '자기', 1980년대에는 '형'. 이는 성차별은 있을 수 없다는 철학에 근거한, 중성화된 호칭으로 운동권 문화의 소산이었을까. 아니면 별뜻없이 남녀공학인 대학의 선배를 일컫던 호칭이 연인이 되고 부부가 되어서도 편의상 사용되었던 것인가.

뭐니해도 압권은 '아빠'다.

1960년대와 1970년대에 두루 쓰이던 남편을 이르는 호칭인데, 이것도 '생물학적 아빠'와 헷갈린다.

이 호칭을 즐겨 썼던 원조격 아낙네들은 나이 많은 남자와 사는 혼인 외 비공식적 아내들이었다. 물리적 공간은 공유하고 있지만 법적 보호를 받기 어려운 사실혼의 아내들이 자신들의 위치확보에 불안한 나머지 내연남에게 '생물학적 아빠'처럼 조건없이 거침없이 물질적인 지원을 받고 싶다는 심리를 반영한 것일까.

아니면 그저 영화 '미워도 다시 한 번' 풍을 유행처럼 받아들인 걸까.

어떻게 되어서 평범한 가정의, 법적 보호를 충분히 받는 아내들이 남편을 부르는 호칭이 되었는지 모를 일이다. 암튼 그 당시에는 거의 모든 집의 남편들이 아내의 '아빠'였다.

어떤 슬기로운 여인네는 남편을 '왕자님'으로 부른단다.
놀랍지 않은가.
남편이 왕자면 자신은 최소한 왕자비(王子妃)는 되는 셈이다.
난 이제부터 남편을 '마마'로 불러볼까.
그럼 나는 왕비가 된다.

도시 속의 소리

빼꾸기

어스름 해가 지는 시간, 은은하고 맑은 소리에 문득 '고향' 같은 그리움이 솟는다.

느닷없는 빼꾸기 울음소리다.

황량한 이 거리에서, 지하철 2개 노선이 땅 밑을 달리고 동서남북으로 8차선, 10차선 자동차도로가 놓여있는 이 거리에서 빼꾸기라니.

어느 집 빼꾸기시계겠지 하면서도 의아하다. 매일 일정한 시각마다 들리는 것도 아니고 시각에 맞춰 빼꾸기 소리의 수가 많고 적은 것도 아니다.

가끔 저녁 그 시간 무렵이면 빼꾸기 울음이 울린다.

어느 날 저녁, 남편과 저녁식사를 밖에서 하고 집으로 돌아오는 골목길에서 뻐꾸기를 만났다.

삼륜차 운전석 뒷자리에 커다란 박스를 올리고 전면에 '황실 카바레, 010-0000-0000' 전단을 붙인 뻐꾸기였다. 뻐꾸기 소리를 내며 이 골목 저 골목을 누비는 '소리만 뻐꾸기'였다.

풍경(風磬)

가벼운 폐쇄불안증으로 가능하면 온 집안의 창문을 열어둔다. 한겨울 날카로운 날들을 빼고는 항시 그런다. 방문을 열어두는 것은 물론이다. 방문은 잠을 잘 때 외에는 닫지 않는다.

온 창문을 여니 바람이 산들산들, 쌩쌩 들고 날고 가슴이 시원하다.

집안일을 하는데 짤랑짤랑, 풍경소리다.

어디에서 풍경소리가 들리나 창밖도 기웃거리고 집안을 여기저기 살핀다.

블라인드 모서리가 쇠로 되어 있는데 블라인드 끈의 손잡이가 바람을 타고 살금살금 부딪히는 소리다. 영락없는 풍경소리다.

짤랑짤랑, 쉬었다가 짤랑짤랑.

뻐꾸기소리, 풍경소리를 시내 한복판의 전면 유리로 꾸며진 초현대식 집에서 들을 수 있는 것은 위안이다. 난데없는 카바레 광고 뻐꾸기라도, 옹색한 블라인드 풍경이라도 메마른 도시 속에서 추억의 소리를 들을 수 있으니 그리움이 풀썩인다.

말초적 번화(繁華)도 회색빛 생활도 잠시 잊는다.

매일 저녁 그맘때면 뻐꾸기가 오려나 귀 기울이고, 창문 블라인드는 모서리에 손잡이가 부딪도록 길이를 맞춘다. 가끔 부러 부딪혀 풍경소리를 만들기도 한다.

유리벽 속에서 즐기는 산사의 정취다.

아버지들의 낭만시대

갔다.

남자들이 맘껏 누리고 호사를 부리던 시대는 갔다.

남자들은 오랜 시간 가진 자의 위치에서 많은 것들을 누렸다. 그들은 가사노동에서 완전 제외였고 넉넉한 시간들로 술과 풍류를 즐겼다. 그것이 은혜인 것을 모르고 오만했다.

가정경제에서도 어느 정도 자유로웠다. 특별히 돈을 벌지 않아도 아내들은 도망가지 않았다. 어떻게 어떻게 마련해 남편 봉양하고 시부모 섬기며 아이들을 키워냈다. 미덕으로 알았다. 남편에게 여자가 생겨 팔도가 좁다고 떠돌아도 아내들은 숙명이려니 묵묵히 살아냈다. 어쩌다 들어오는 남편의 씨를 받아 아이를 만들고 키웠다.

사업에 실패한 K씨는 다시 일어설 용기가 없어 아내가 하는 생선좌판으로 먹고 살았다. 아내는 손이 퉁퉁 붓도록 생선 배를 따며 아이들 공부 시키고 빚을 갚았다. 얼마의 시간이 흘렀다. K씨에게 젊은 여자가 생겼다. 어떻게 사람이 그럴 수 있는가 울며 매달리는 아내에게 그는 '당신에게서는 생선비린내가 나서 가까이할 수 없었다'고 응수했다.

돈 좀 있고 지식 있는 남자들은 첩 거느리는 것이 능력이라고 여겼으며 아내를 만년식모 들인다고 했다. 시골의 아내는 시부모 수발하느라 허덕대도 한양의 남편은 기와집에서 첩실과 우아하게 놀았다. 조강지처와는 이상이 맞지 않는다고 했다.

그 남자들이 나라를 논하고 예술을 구가했다. 그들 뒤에는 숨죽여 그들을 보필한 아내들이 있었지만 아내의 덕을 칭송하는 분위기는 아니었다. 남편이 아내의 덕을 알아주면 시혜로 알았다.

남자들은 자유로운 활동의 여건을 부여받으면서 결과물들을 독점했다. 자신들이 특별한 능력의 사람임을 굳게 믿었다. 과시하기도 했다. 아내들과 여자들을 무시하고 그녀들에게 기회가 주어지지 않은 것에 대한 배려는 없었다. 자신들의 향유를 당연시했다.

철저히 보복당하고 있다.

그 시절 그 남자들의 손자들, 증손자들이 힘겨운 시대를 맞고 있다. 할아버지들의 만용의 쓴 잔을 애매한 손자들이 마시고 있다.

여자들은 뿔이 났고 남자들에 대적한다. 목청을 높이고 따지는 것이 이익이라고 여기게 됐다.

혼자만 참는 것이 억울해 자식이고 뭐고 내버리고 가정을 떠난다.

공부도 열심히들 한다. 고시에서 여성들이 약진이다. 어머니들이 '나처럼 살지 말라'고 누누이 일러왔기에 전투적이다.

남자들은 기가 죽고 숨을 죽인다. 자존심이 상해 엉뚱한 짓을 하기도 한다. 항간에는 남성 비하의 유머들이 넘친다.

영악한 여자들은 한술 더 떠서 남자들을 농락하기도 한다.

날이 저물어 가는 시간, 장을 보고 마을버스를 기다리며 벤치에 앉은 내게 퀵서비스 배달원으로 보이는 남자는 길을 물었다.

"방배동에서 오는 버스는 어디로 옵니까?"

"이쪽에서도 올 수 있고 저쪽에서도 올 수 있는데요."

남자는 벤치 끝자락에 앉으며 한숨처럼 '오늘은 남편이 없답니다' 한다.

"여자 친구가 유부녀란 말입니까. 그럼 안 되죠." 내 선생기질의 발동이다.

"뭐 이마에 유부녀라고 써있나요."

미처 알아차리기 전에 일이 얽혔다는 거다.

"뭘 엄청 사달랍니다."

맙소사. 넉넉해 보이지 않는 남자가 그 여자의 물주였던 것이다.

1970년대만 해도 나쁜 남자 이야기가 대세였는데 이제는 군대 간 남자친구 놔두고 고무신 거꾸로 신는 것은 화제도 아니다.

괴담 수준의 이야기들이 엄마들 사이에 회자된다.

부부교사가 평생 알뜰히 살아 하나밖에 없는 아들에게 아파트를 사주고 결혼을 시켰다. 시어머니는 바쁘기도 하고 조심스러워 아들네 집에 가지를 않았다. 오랜만에 들른 아들네에서 며느리로부터 아들이 이미 달포 전 집을 나갔노라고 들었다. 이유는 며느리가 미국유학 시절 다른 남자와 동거한 것을 아들이 알았다는 것이다. 이혼 소송이 시작되었는데 며느리의 과거를 모른 것은 법적으로 문제가 없으나, 아들이 집을 나간 것은 가정생활을 유지하려는 의사가 없는 것으로 간주한다는 판결이 나왔다. 6개월 만에 이혼하면서 며느리는 그 집의 반을 챙겼다. 보너스로 시아버지가 나무란 것에 대한 정신적 피해보상금을 받았다. 시어머니는 병 져 누웠다.

인간사가 시계추처럼 좌로 우로 흔들린다. 중간지점을 찾아 어우러져 살지 못한다. 유리한 고지를 점령한 자들이 과거를 반추하며 무섭게 보복하므로 카타르시스한다. 반대편을 분노하게 하여 결국에는 자신을 희생물로 바친다.

관용이 없어 극단적 상황의 반복이다.

그런 식으로 속절없이 이에는 이로, 눈에는 눈으로 대적하며 최악의 상황으로 치달으면서 칼을 점점 날카롭게 벼리므로 인간사는 진화해 가는가.

(현대수필문인회 동인지 청색시대 17집 '나는 수필가다'에 게재)

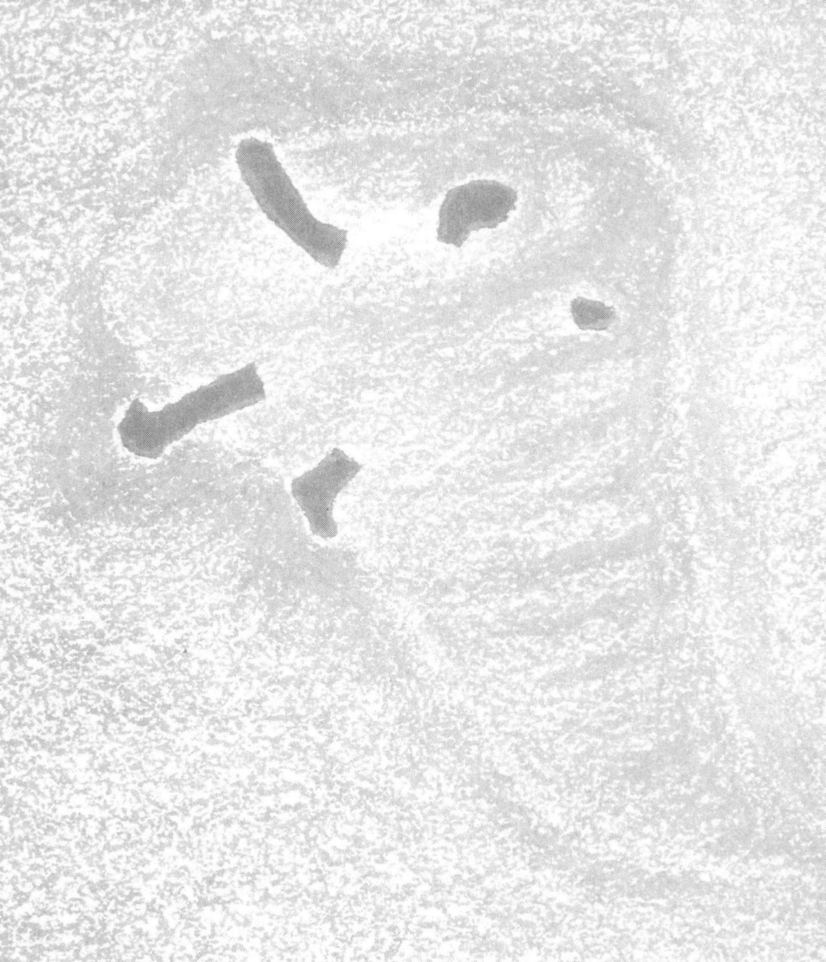

당신 그리고 나, 우리들

III

사랑
1990. 9
기정

'주부'로 사는 길

초등학교 동기 중 멀리 스웨덴으로 유학 가 거기서 결혼해 딸 둘을 낳고 잘 사는 친구가 있다.

2007년 여름, 우리 가족은 런던에 2주 남짓 머물 일이 있었다. 마침 그 기간 동안 스웨덴 친구의 딸 결혼이 있어서 초등학교 동기 대표로 우리 가족이 스톡홀름에 들르기로 했다.

친선대사로서의 임무도 있지만 런던까지 왔다가 자기네 집에 들르지 않는 것을 용서할 수 없다는 친구의 협박성 초대에 고마워 즐거이 응했다. 아이 결혼에 정신 없을 텐데 우리까지 가서 성가시게 해도 되나… 송구해하면서.

한국에서 런던으로 떠나기 전 친구에게 뭐 가져갈까 물었다. 의외로 파스가 필요하다고 했다. 집안일을 하다 보니 여기저기 쑤신다고 했다.

좀 서글펐다.

온갖 파스를 싸들고 친구 집에 도착하니 '그림 속의 집'이다. 정원은 나무들, 꽃들, 돌들로 완벽하다. 정원사 솜씨가 아니라 친구의 오랜 노력의 결실이다. 맑은 하늘과 늙은 고양이까지 몫을 더한다. 만지고 만진 흔적이 역력하다.

현관 앞 양편으로는 태극기와 스웨덴기가 게양되어 있다. 한국에서 친구들이 오는 날은 국경일이란다.

우리 가족은 이층에 머물렀는데 호텔이나 진배없다. 깔끔하기가 그렇고 호젓하기가 그렇다. 수건부터 샴푸, 비누, 치약까지 제자리에 놓여있다. 우리가 오기를 얼마나 기다리고 정성을 들였는지 한눈에 알 수 있다. 평상시 친구의 살림솜씨 수준을 가늠하게 한다.

음식 또한 완벽했는데 어디에서 구했는지 한국음식 일절이다. 오랜 시간 밖에 나와 있었으니 한국음식이 먹고플 것이라고 했다. 칼국수, 된장찌개, 김치, 깍두기, 김… 그곳에서 구하려면 만만치 않은 한국음식을 매끼 대접받았다. 아침, 점심, 저녁 메뉴가 모두 다르다. 점심에 남은 음식을 저녁에 먹어치우자고 하면 질색을 하면서 어딘가로 숨겨 찾을 수가 없다. 혼자 숨어서 묵은 음식을 먹는 것은 아닐까 염려가 되었다.

정원에서 먹는 아침에는 '계란을 어떤 상태로 삶아주랴?' 한다.

맙소사!

'아무렇게나 줘. 우리 다 잘 먹어' 해도 막무가내다.

황송하다.

내가 도울 수 있는 게 숟가락 젓가락 놓는 것이랑 설거지가 전부다.

이러니 파스 붙일 일이지 싶었다.

호숫가에서, 사제가 주례를 보고 여동생과 친구들이 들러리를 서는 친구의 딸 결혼식을 흥미롭게 지켜봤다. 하객들은 호수를 바라보고 앉아 신랑신부를 그림 같이 푸른 하늘과 그 속에 넣었다. 스웨덴 말은 한마디도 들을 수 없지만 소박하고 화사한 의식을 행복한 마음으로 지켜보았다. 한국사람이 별로 없던 그때 운명처럼 만나 가정을 꾸리고 자식을 낳아 공부 잘 시켜 또 가정을 꾸리게 하는 친구가 기특했다.

결혼식을 마치고 집으로 흩어졌다가 오후에 피로연 장소로 다시 모였다. 배가 떠다니고 작은 섬들이 점점이 박혀있는 바다 같은 호수가 전망에 펼쳐진 넓은 홀에서 신랑신부 온 가족, 친구들이 남녀노소 구분 없이 모였다. 먹고 마시고 떠들고 노래하고 춤을 췄다. 테이블은 지정석으로 손님의 특성을 고려해 적절한 배치를 했다. 내 옆 친구는 뉴욕에서 왔다는 흑인 영어선생님인데 엄청 깔끔한 영어로 매너 또한 A+급이다. 난 긴장 반 흥미 반으로 떠듬떠듬 말하고 들었다. 영어선생님은 내가 외국인이라는 것, 영어에 익숙하지 않다는 것을 감안하는 배려를 보였다. 뉴욕에서 외국인들과 같이 살아온 사람들의 문화수준이다.

밤 열두시가 되자 어른들은 귀가하고 젊은이들은 남아 더욱 흥을 돋울 모양이었다. 우린 가로등이 켜진 검은 호숫가를 떠났다. 자식의 결혼을 모두 같이 즐기고, 피곤해진 부모가 쓸쓸한 생각 없이 쓰러져 자도록 배려한 피로연이다.

집에 와보니 어느 결에, 딸의 결혼식 짬짬이 우리가 묵던 이층 화장실의 수건들을 뽀송뽀송한 것으로 바꿔 놓았다.

이러지 않아도 되는데… 이러면 너무 힘들텐데… 하면서 친구의 배려가 고맙기 전에 마음을 아프게 한다.

스톡홀름에서 사흘을 머문 뒤 런던으로 다시 돌아오기 전 날 밤, 우리는 이별을 섭섭해 하며 정원에서 긴 만찬을 가졌다. 벽에 내다 건 등불에는 벌레들이 날아들고 그릴에서는 고기가 익었다. 신선한 야채와 과일이 푸짐했고 이야기꽃이 피었다. 음악과 술이 빠질 수 없다. 친구는 오래된 팝송과 한국 노래들을 틀었다. 따라 부르기도 했다. 친구의 한국에 대한 그리움이 묻어났다.

남편은 술을 먹어 졸립다며 일찍 눕고 아들은 자기 방으로 들어가 버렸다.

친구와 나는 마주앉았다. 어릴 적 친구들 근황부터 한국 엘리트 교육의 문제점, 한국의 당면과제까지 수런수런 얘기했다.

스웨덴에서 30년 넘게 살고 있는 친구는 낯선 곳에서 한국인으로 지내는 생활철학을 피력했다. 애들 이름은 스웨덴 식으로 하지 않고 한국이름으로 부르게 한다. 그것이 한국의 자존심이다. 사위를 한국식으로 다스려 자기를 좀 무서워한다고 살짝 즐거워한다. 어른 앞에서 담배는 절대 피우지 못하고 술 마실 때도 고개를 돌려 마시게 한다고 했다. 스웨덴 놈이라도 '한국 사위'라고 했다. 우린 깔깔댔다.

시집 간 착한 딸이 사위에게 너무 양보한다. 사위가 어린애 같다. 그래서 마음이 불편하다,며 부모다운 걱정도 한다.

시간은 훌쩍 아침이 되어갔다.

친구는 남자다. 주부(主夫)다. housewife가 아니라 househusband다. 이런 말이 있다면….

1970년대 낯선 나라 스웨덴에서 다행히 또래 여학생을 만나 결혼했고 딸을 낳았는데 육아를 둘 중 누군가가 맡아야할 상황에 몰렸다. 둘이 벌어도 아이 돌볼 사람을 구하는 것이 만만치 않은 경제적인 상황도 있었지만 자신들의 아이를 남의 손에 맡기기가 싫었다. 당시 친구는 작은 사업체를 하고 있었고 아내는 컴퓨터 관련 일을 하고 있었다. 아내는 절대 일을 포기할 수 없다고 했고 친구가 집안일을 맡기로 합의했다. househusband가

된 거다. 살림도 육아도 만점짜리 주부가 되었다.

친구는 늦은 밤 불가에 달려드는 벌레들을 보며 내게 하소연했다.

아내가 일이 끝나고 곧장 집으로 들어오지 않는다고, 밤이 훤한 스톡홀름에서 늦도록 골프를 친다고, 기다리며 찌개를 데웠다 식혔다 한다고, 자기가 기다리는 것을 아내는 모르는 것 같다고.

친구의 어머니가 살아계셨다면 가슴을 치시겠구나 싶었다. 그 대단한 집안의 그 대단한 아들이 아내의 무관심에 투덜대는 것을 알면 분노하시겠구나 싶었다. 아무리 세상이 바뀌고 친구의 생활무대가 스웨덴이라고 하더라도 당신의 아들이 파스로 어깨의 통증을 다스리며 살림을 하는 것을 아시면 눈물을 흘리시겠구나 하는 생각을 떨칠 수가 없었다.

입장이 바뀌면 처지가 달라진다.

여자이기에 남편의 늦은 귀가를 투덜거리는 것이 아니라 그 형편에 놓이면 누구든지 그런다.

연(緣)

지혜는 다섯 살 여자아이다.

어린 나이에도 귀엽다기보다는 고혹적으로 보이는 매력을 지니고 있다. 불행히도 간질환자이며 지적 장애인이다. 생긋이 웃곤 하지만 말을 하지 못하고 걷는 것도 뒤뚱거린다. 하루를 거르지 않고 경련을 한다.

지혜 엄마는 지혜 아버지를 스물이 갓 넘은 나이에 만났다. 지혜 엄마는 고등학교를 졸업하고 작은 무역회사에 급사로 들어갔다. 말이 없고 잘생긴 그녀는 여간 인기가 있지 않았다.

많은 근사한 젊은이들을 마다하고 사장님과 얽혀 임신이 되었다. 주저하는 사이 중절할 시기를 놓친 그녀는 아이를 낳아 잘 기르겠다고 마음먹었다. 일찌감치 사장님이 책임감 있는 인물이 아니라는 것을 간파했다. 지혜 엄마는 아무 말 없이 회사를 그만 두었다.

집에도 들어가지 않았다. 가난하지만 깔끔하게 사는 엄마에게 면목도 없고 그렇게 가족을 망신시키는 것도 싫었다.

혼자 사는 아는 언니 집에서 아기를 낳고 스스로 미역국을 끓여 먹으며 산후조리를 했다. 처지가 어수선해도 아이가 예뻤다. 엄마가 되었다는 특별한 느낌에 행복하기도 했다.

그곳에서도 더 이상 신세지기가 어려워 산동네 방을 구해 독립했다. 아이를 키우며 먹고사는 일이 막막했다.

가장 빨리 구할 수 있는 일이 술집 호스티스였다. 낮시간에는 집에 있을 수 있으니 아이를 키울 수도 있을 것 같았다. 아이가 어릴 때는 옆방 아주머니에게 맡기고 출근했다. 생각보다 아이 맡기는 값, 우유 값이 꽤 들었다.

어느 정도 아이가 걷게 되자 아이를 방에 두고 밖에서 문을 잠근 후 출근했다. 대부분은 아이가 잠이 든 후 나갈 수 있었다. 언제나 그런 것은 아니었다. 혼자 있을 아이가 걱정스러워 새벽 한두 시면 무슨 일이 있어도 퇴근했다.

새벽에 돌아와 울며 잠든 아이를 보면 현실이 만만치 않다는 것을 실감했다. 일에 지쳐 잠을 자느라 낮에도 아이를 돌보기가 어려웠다. 아이는 엄마가 없거나 있어도 잠자는 엄마가 있을 뿐이었다.

늦게까지 일을 하지 않으니 돈도 되지 않았다.

돈을 쥐기 위해 점점 퇴근시간이 늦어졌고 아이는 혼자 방에 갇혀있는 시간이 길어졌다. 아이는 벌벌 기어다니다가 똥도 싸고 제 오줌에 미끄러지기도 했다. 먹는 것은 방 안에 둔 그릇에 있는 것을 손으로 집어 먹거나 우유병을 빠는 게 고작이었다. 짐승이나 매한가지였다.

엄마가 나가는 낌새를 알아차리면 아이는 자지러지게 울며 매달렸다. 숨이 넘어갈 것처럼 처절했다. 그런 아이를 두고 출근하는 그녀에게는 사는 게 사는 것이 아니었다. 그렇다고 다른 선택도 없었다. 그저 꿈이었으면 했다. 어리석었던 자신의 선택을 후회했다.

어느 날 보니 아이가 이상했다. 울다가 나뒹굴며 거품을 물고 사지를 버둥거렸다. 겁이 났다. 보통 일이 아니라는 것을 직감했다.

의사가 간질이라고 했다. 평생 약을 먹어야할 것이고 치료받지 않으면 죽을 수도 있다고 했다.

지혜 엄마는 몇 날 며칠을 생각한 끝에 지혜를 지혜 아버지의 부인에게 맡기기로 했다. 말이라도 건네보기로 했다.

처음 지혜 아버지의 부인은 조금 놀랐지만 그다지 이상한 일은 아니라고 했다. 지혜 아버지에게는 결혼 후 제2의 여자가 없어본 적이 없다고 했다.

아이가 있는 줄은 지혜 아버지도 몰랐다. 그렇다고 지혜가 자신의 아이라는 것을 알고 지혜 아버지가 놀란 것도 아니다. 내 아이가 맞느냐고 따지지도 않았다. 남의 이야기인 듯 멀뚱하니

들을 뿐이었다.

지혜 엄마는 지혜 아버지 부인에게 아이를 이삼년만 키워달라고 했다. 자신은 일본으로 가서 돈을 벌어 매달 양육비와 교육비, 의료비를 보내겠다고 했다. 후일 꼭 데리러 오마고 했다. 부탁할 곳이 이곳밖에 없다고 했다.

지혜 아버지의 부인은 제안을 받아들였다.

지혜를 보낼 교육기관을 찾았고 병원에 다녔다. 늦게 본 딸 같아 즐거움도 있었다.

지혜 아버지는 지혜의 존재에 전혀 무관심했다. 아이가 경련을 해도 눈 하나 깜짝하지 않았다. 집안에 들어온 강아지에게도 그리할 수 없을 만큼 도통 관심이 없었다. 죄의식도 없었다.

25년이 흘렀다.

지혜가 건강해졌는지, 지혜 엄마가 일본에서 돌아오기나 했는지, 여전히 지혜 아버지는 제3, 제4의 여인 속에서 유랑하는지 알 수 없다.

두 여인의 만남에는 미움이 없었다. 역지사지(易地思之) 연민만이 있었다. 무책임한 한 남자를 매개로 만나 자매처럼 몫을 나누었다.

언니야

'언니야'는 부잣집 장애소녀의 애보기다.

열 살 이전에 이 집으로 들어와 고명딸의 치다꺼리 일체를 맡았다. 소녀의 수족(手足)처럼 움직이는 것이 언니야의 임무다.

종일 가만히 앉아 있거나 까치발로 뛰어다니는 것이 전부인 소녀를 시야에서 놓쳐서는 안 된다.

입히고 먹이고 씻기고 대소변을 처리해 줘야한다.

손가락만 까닥해도 그것이 무슨 의미인지 파악해야한다.

울면 왜 우는지 알아내 해결해주어야 한다.

소녀가 잠을 자지 않으면 언니야도 잘 수가 없다.

완벽한 일대일 서비스다.

대신 몇 백 평 넓은 정원이 있는 커다란 이층집에서 정원사, 기사, 부엌아주머니의 시중을 언니야도 받는다. 밥을 하거나 잔

심부름을 하는 일은 없다. 오직 소녀의 그림자면 된다.

언니야의 생활수준은 웬만해서는 누리기 어려운 최고의 수준이다. 매일 아침 소녀와 벤츠를 타고 유치원에 간다.

가끔은 신라호텔에서 점심을 먹는 일정에도 소녀와 동반수행한다.

좋은 가정교육도 받았다.

손님접대는 어떻게 하고 어떠한 높낮이의 목소리로 말을 하며 손놀림은 어떠해야하는지 등을 보고 배웠다.

차림새도 태도도 곱다. 속내를 모르면 소녀의 진짜 언니로 안다. 실질적으로 언니야는 그 집의 수양딸 같은 존재로 대접받았다.

언니야가 크면서 문제가 생겼다.

현실과의 괴리감에 시달린다.

자신은 초등학교 졸업학력의 고아인데 생활수준은 그에 걸맞지 않다. 세상적으로 자신과 엇비슷한 청년들은 눈에 차지 않는다. 그들의 생활이 비루해보일 뿐 아니라 자신이 그들과는 다른 세상사람 같다. 그들의 태도는 너무 거칠고 몰상식해 보이기까지 한다. 눈에 차질 않는다.

자신과 함께할 배우자를 찾을 수가 없다. 언니야가 맘에 들면 젊은이가 거들떠보지도 않고 젊은이가 눈여겨보면 언니야가 시큰둥이다.

자신의 생활과 자신의 여건 간의 극심한 불균형이 외로운 삶을 자초하게 된 셈이다.

먹고 살기 위해 선택했던 일, 당시에는 그보다 더 나은 선택이 없다고 생각했던 일이 후일 극단적으로 선택의 폭을 좁히는 일이 되고 말았다.

행운이라고 생각했던 일에 불행의 씨앗이 잉태되어 있었던 것이다.

날고 싶은 아이

재구는 평상시 전혀 말을 하지 않는다.

말을 하지 않는 것인지 못하는 것인지 아리송하다.

재구는 호시탐탐 탈출을 시도한다.

이중 삼중 사중으로 잠겨있는 대문으로는 불가능하다. 장독대에 올라 담 밖으로 발을 걸치고 앉아 초조감도 없이 적절한 때를 기다린다. 밑으로 사람들이 지나가면 팔을 벌리며 안아달라는 시늉을 한다. 행인 중 십중 하나둘은 그런 아이를 집 밖으로 안아 내려준다.

내려서면 지나는 어른의 옷깃을 잡고 횡단보도를 건너서 버스를 타고 어디론가 사라진다.

날이 어두워져 추워지고 배가 고프면 재구는 파출소에 들른다. 파출소 가운데 버티고 서서 누구에게랄 것도 없이 집 전화번호를 반복적으로 뇌인다. 누군가가 그 말이 전화번호인 것을 알아차리고 집으로 연락을 취해 무사히 귀가한다.

전형적인 재구의 나들이 과정이다.

실패해본 적이 없으니 학습의 효과는 만점인 셈이다.

어떻게 재구가 그런 기법을 터득했는지는 아무도 모른다. 물론 가르쳐준 적도 없다.

미스테리다.

재구아버지와 어머니는 잉꼬부부다.

재구아버지는 직장 일 외에 모든 일을 아내와 함께하려고 한다. 바둑을 배우고 싶으면 집으로 바둑 관련 물품 일체를 사들이고, 자전거를 타고 싶으면 자전거 두 대를 사온다. 아내에게 가르치고 자신이 원하는 놀이를 그림자처럼 같이 한다. 바둑도 같이 두고 자전거도 같이 탄다.

남들이 뭐라든 재구어머니는 괴롭다. 늘상 붙어있는 것이 숨막힌다고 한다. 마음이 함께하지 않는데 놀이를 같이 하고프겠는가 반문한다.

재구아버지는 자기 같이 가정적인 남편을 못마땅해 하는 아내를 이해하기 어려웠다. 치명적인 오류는 재구아버지가 결혼 전 연인에게서 아들이 있었고, 그 사실을 알리지 않은 채 재구어머니와 결혼을 했다는 것이다.

두 사람은 자주 다퉜다.

재구어머니는 속았다고 생각했고, 재구 아버지는 시간이 지나도 그 일을 용서하지 못하는 아내가 야속했다.

재구가 갓난아이던 어느 날, 부부는 으레 그러듯 다퉜고 감정 통제가 어려워진 재구아버지는 아내를 폭행하는 대신 아랫목에서 자고 있는 포대기 속 재구를 들어 벽으로 던졌다. 재구는 '으악!' 놀라 깼고 경련을 하기 시작했다. 사태를 수습하기에는 이미 늦었다.

재구어머니는 그 사건이 재구를 이상한 아이로 만들었다고 굳게 믿는다.

재구가 내 곁을 떠나고 십여 년이 지난 어느 날 우연히 길에서 재구어머니를 만났다. 예전보다 표정이 밝고 편안해 보였다. 반가운 마음으로 인사를 나누고 재구의 안부를 물었다.

"시설에 맡겼어요. 아이가 커지니 더 이상 감당할 수가 없었어요" 하며 재구어머니의 표정이 흐려졌다.

시설에 맡긴다는 것은 산 속 고요한 기도원에 두는 것이다. 간간이 찾아가기도 하지만 아닐 수도 있다. 시설운영자가 부모에게 오지 말라고 하기도 한다. 부모가 왔다 가면 아이가 그리움에 몸부림을 쳐 관리가 힘들어지는 것이 통상적이기 때문이다.

그 아이들이 아무것도 모르는 듯싶어도 그렇지 않다. 사람은 알기 전에 느끼기 때문이다.

우리나라 장애아동에 관한한 1980년대 초반은 신석기시대다. 구석기는 조금 지났는지 몰라도 아직 법적 시행도 미흡하고 시설들도 갈피를 잡지 못하던 때다.

의식수준은 구석기시대라고 해도 과언이 아니다. 태어난 장애아동은 숨기기 급급하고 가두어 키우는 것도 다반사였다. 옆집에서조차 그런 아이가 있는지 모르는 경우도 있었다.

누가 재구어머니에게 돌을 던질 수 있으리.

훨훨 날고 팠던 재구는 가족을 지치게 했고 시설에 갇혔다. 비상에 대한 열망이 재구를 옭아맸다. 갑갑증을 벗고 싶어 갑갑해진 것이다.

재구의 목소리를 들을 기회는 영영 없어졌다.

여인이여, 옷을 벗어라

동이 엄마는 뛰어난 미인이다.

잘생겼을 뿐만 아니라 아이를 낳고도 일주일이면 예전 허리 사이즈를 회복할 수 있는 타고난 S라인 체질을 가졌다.

돈 잘 벌고, 마누라라면 그저 행복해하는 마음 좋은 남편도 있다.

자기 닮은 예쁜 딸도 있다.

귀엽고 잘 생겼지만 심한 지적 장애를 가진 아들도 있다.

자존심 굽힐 일 없는 동이 엄마에게 기막힌 일이 생긴 거다.

국내 유일하다는 특수교육 기관에 아들을 입학시켰다. 대소변 가리는 것도 되지 않는 동이를 입학시킬 때 적잖이 자존심이 상했다.

입학의 최소조건으로 기관에서는 변의(便意)에 대한 의사표현이 조금이나마 되어야한다고 요구했다. 동이 엄마는 사정을 했다. 수업 중 대소변 문제가 발생하면 자신이 처리하겠다는 단서를 달고서야 입학이 허용되었다.

동이는 즐거웠는지 놀이방에만 들어서면 똥을 쌌다. 즉시 발견을 하지 못하면 똥을 벽에 발랐다.

한 교실에 아이들은 열 명 남짓한데 교사는 둘뿐이니 동이의 대변수습으로 교사 한 명이 투입되면 나머지 아이들이 수수방관되는 상황이었다.

입학할 때의 약속도 있었지만 교실의 상황 때문에 동이 엄마는 대기실에서 이야기꽃을 피우다가도 불려가곤 했다. 동이가 엄마를 놀리는 것 같았다. 엄마의 자존심을 뭉개기 위해 부러 그러는 것 같았다.

어느 날 똥을 씻고 교실로 들어온 동이는 입 하나 가득 피를 물고 있었다. 걷는 것이 어눌해 넘어진 것 같았다.

그러나 목격자가 있었다. 동이 엄마가 동이를 화장실에서 씻기며 아이머리를 세면대에 짓찧는 것을 청소아주머니가 보았다. 청소아주머니는 동이 엄마를 얼굴만 예뻤지 속은 악녀라고 했다.

다시는 동이의 수업 중 대변처리에 엄마를 개입시키지 않기로 했다. 나머지 아이들이 조금 희생하기로 했다.

얼마 되지 않아 동이는 그만 두었다.

몇 년 뒤, 바람결에 들리는 바로는 동이를 시설에 맡기고 부모는 동이 누나와 미국으로 이민을 떠났다고 했다.

우리는 "악녀 맞네!" 했다.

그 당시 동이 엄마가 서른 살쯤 되었을 것 같다. 그보다 더 어릴 수도 있다.

흠 없는 완벽한 자신의 인생에 느닷없이 끼어든 동이를 받아들이기에는 너무 어렸던가.

여인의 옷을 벗고 어머니의 옷으로 갈아입기에는 자신의 것들이 너무나도 찬란했던 것인가.

삼십년이 지난 지금, 동이 엄마는 어떨까.

까마득한 옛 일로 그냥 잊었을까.

이따금 죄책감에 시달릴까.

어쩔 수 없었다고 자기 합리화를 할까.

그런 생각조차 않을까.

올가미

40대 10여년 차 시간강사, 영문학 박사가 자살했다.

그의 자살을 불러온 요인은 아이 둘을 키우고 가정을 유지해야 하는 외적 상황과 교수직에 대한 미련을 떨칠 수 없었던 내적 갈등의 복합인 것 같다. 어느 것 하나도 포기할 수 없는 수세(守勢)에 몰린 거다.

대학에서 강의해온 30년 동안 내가 그보다 나은 게 있었다면 온전히 운(運)이 아닌가 싶다. 전공 자체도 좀 특별하고, 1회 졸업생으로 그 학문의 역사가 일천한 것도 도움이 되었다. 경쟁자도 적고 이미 연구된 것도 없으니 노력만으로 이룰 수 있는 것들이 많았다.

결혼 전에는 모교에서 연구원으로 일하며 강의를 했다. 연구원이 강의를 한다고 강사료도 주지 않았고 경력에도 기록해주지 않았다. 후배들에게 내 지식을 나누어준다는 소명의식만을 불태웠다. 어린 시절이라서 '그러려니…' 했다. 그래도 연구원 봉급은 있었다. 내 한 입 풀칠만 하면 되었고 그나마 부모님 밑에 있었다.

결혼 후에는 남편이 착실히 벌어다줘 생계형 시간강사를 면했다. 대개는 따로 연구소 소장이니 복지관 관장이니 하는 정규직 직업이 있기도 했다. 시간강사 수입에 목을 매지 않아도 되었다. 한마디로 온전히 시간강사 일만으로 생계를 유지한 적이 없다. 고용보험을 붓기만 했지 타본 적이 없으니까.

대학에서 강의를 주지 않으면 미련 없이 돌아섰다. 뭐, 선택이 있나.

강의를 쉬어본 적도 없다. 한 대학에서 연락이 없으면 다른 대학에서 연락이 왔다. 다행히도 코너에 몰린 적이 없는 거다.

영화 '맘마미아'에서 아바의 'The Winners Takes it All'(승자가 모든 것을 취한다: 勝者獨食)을 들으며 창피하도록 펑펑 울었다.

사랑하던 남자를 그의 약혼자에게 보내야했던 도나가 20년 후 다시 청혼하는 그에게 절규한다.

"승자에게 모든 것이 돌아가는 것. 패자는 초라하게 서 있을 뿐. 그게 운명이고, 신은 얼음처럼 차가운 마음으로 주사위를 던진다. 왜 불평을 하겠는가. 규칙을 따라야 한다. 결정을 내리는 이는 결정을 내리고, 나 같은 사람은 이를 따를 수밖에 없다."

재수도 휴학도 없이 어린 시절을 보내고 대학졸업 후 35년이 되도록 쉬지 않고 애썼지만 내 손에 쥔 것이 별로 없다는 생각이 들었던 걸까. 특별히 노는 것도 모르고 그렇다고 엄청난 일을 한 것도 아닌 내가 패자처럼 느껴졌던 걸까. 학자로서의 내 꿈에 근접은 했지만 온전히 이루지는 못한 아픔이 있었던 걸까.

그저 노랫말이 그다지 틀리지 않은 듯한 세상의 이치에 서러움이 북받친 걸까.

러셀은 우리를 불행하게 하는 요인의 하나로 '선망(羨望)'을 들었다.

대졸자들이 공장기술자가 되지 못하는 것은 스스로 벗어버리지 못하는 고학력의 굴레 때문일 수 있다. 넥타이 매고 책상을 지키는 직업에 대한 선망을 버릴 수 없어서다. 그 자리를 외국인 근로자들에게 내어주는 한이 있더라도 자신은 백수 자리를 지키는 것이다. 꿈을 위해 물질적인 풍요를 포기한다.

그들의 선망을 부추기는 데에는 우리 사회의 기술자에 대한 호감도가 낮은 이유도 있다. 그러나 한편으로는 스스로 긍지를 세우지 못하는 탓도 있다. 최고의 기술자가 되려고 도전하기보다는 안일하게 타인의 가치에 동조하기 때문일 수 있다.

시간강사, 그도 영문학 박사학위를 가진 영어학원 강사가 되었다면 어땠을까. 비록 대학 캠퍼스를 누비지는 못했을지 모르지만 자식을 키우는 어려움에서는 벗어나지 않았을까. 여전히 교수직에 대한 그리움은 남겠지만 불확실한 미래에 내 전부를 거는 일에서 비껴갈 수는 있지 않았을까.

선망에 대한 굴레를 벗어던지므로 대학 캠퍼스에서 얻을 수 없었던 것들을 얻을 수 있지는 않았을까.

그의 전공이 영문학이 아니고 다른 분야였다면 어땠을까.

달라졌겠지.

인생에서 'if'는 존재할 수 없음에도 생각에 생각을 거듭한다.

자신과 타협하지 못한 것이다.

자신의 선망이 현실화되지 않는 것을 굴욕으로 읽었을 수도 있다.

차선을 택하기에는 그동안 공들였던 시간들이 아깝고 자존심이 허락치를 않았던 것이다. '영문학 박사'라는 타이틀이, '교수'에 대한 미망이 올가미가 되고 만 것이다.

어떠한 경우에 있는 누구든지 나름대로 선망하는 것은 있다. 부자에게도 있을 수 있고 대학교수에게도 있을 수 있다. 어차피 모든 것을 다 가질 수는 없다. 원한다고 얻을 수 있는 것이 아니라 주어져야만 비로소 손에 쥘 수 있다는 것을 인정하는 일은 쉽지 않다. 고통스럽다.

그렇다고 꿈의 허리를 꺾고 타협할 수 없어 나의 전부를 불사

르고 마는 것은 굴레라는 밧줄에 목을 거는 행위다.

성실한 한 인간이, 꿈을 크게 가졌던 한 사람이 막다른 길목에서 빠져나갈 구멍을 발견하지 못하고 삶의 무게에 질식했다는 사실이 가슴 아프다.

엘비스와 클리프

지하철을 탈 때마다 기다리는 게 있다. 팝 CD를 파는 아저씨. 그들은 포터블 카세트를 수레에 싣고 다니며 CD를 튼다. 팔기 위해 맛보기로 이 노래 저 노래를 조금씩 들려준다. Evergreen, Tennessee Waltz, Changing Partner를 자주 듣는 것 같다. 의외로 좋은 음질의 흘러간 옛 팝송을 들을 수 있어서 반갑다. 매번 언제나, 서둘러 내리는 그들을 잡고 싶고 그들이 내리고도 한참을 머릿속으로 노래들을 흥얼댄다.

중고등학교 시절 팝송을 귀에 달고 살았다. 라디오를 끼고 살았다. 기억이 맞다면 '한밤의 음악편지' '별이 빛나는 밤에' 같은 음악 프로그램에 열손가락에 잉크 묻혀가며 엽서를 그리고 써서 보내는 일로 매일을 소비했다.

이어폰을 귀에 꽂고 책상 앞에 붙어 앉아있는 내게 어머니는

'그러고서 공부가 되냐?'고 성화를 했다. 뇌가 최대로 활성화되던 시기여서 그런지 공부가 됐던 것 같다. 최소한 수학은 가능했던 것 같다. 국어는 모르겠다. 아니면 어머니 말대로 공부를 한다는 시늉뿐이었는지도 모른다. 팝송 듣기가 주(主), 공부하기가 부(副). 당시 내 생활을 단적으로 나타내는 말이다. 팝송을 듣지 않고 열공(熱工) 했다면 지금보다 나았을까. 감히, 팝송 모르는 잘난 나보다 팝송 즐기는 조금 못한 나를 선택하겠노라고 말하겠다.

1960년대는 미처 한국에 젊은이 문화가 싹트기 전이었고 한국전쟁 후 아직 미국을 중심으로 한 서양 문물의 영향이 막강하던 때였다. 학교에서 국악을 배웠던 기억이 없으니까. 학교 합창제에서도 서양 민요나 가곡을 부르는 것이 당연했다. 서양의 문물이 선(善)이라고 여기던 시절이었다. 우리들은 노래의 내용도 뜻도 모르면서 부정확한 발음으로 흥얼흥얼 따라 부르곤 했다. 팝송의 흥에 취해 살았다.

그 당시 한국에서는 미국청년 엘비스 프레슬리와 영국청년 클리프 리처드가 오늘날의 '소녀시대', '빅뱅'과 같은 아이돌 스타였다. 우리들의 우상이었다.

여중고생들 간에 성향이 첨예하게 갈려 엘비스 팬과 클리프 팬이 뒤섞이는 일은 없었다. 우린 DNA가 다른 것처럼 서로에게 날카롭게 반응하며 각자의 취향에 따라 엘비스냐 클리프냐 하고

편을 갈랐다. 엘비스 팬은 클리프의 소년적 성향을 유치하다고 했고, 클리프 팬은 엘비스를 느끼하고 징그럽다고 했다. 어쩌면 그녀들은 진짜로 기질의 차이가 있었을지도 모르겠다.

두 사람은 태어난 나라도 다르지만 성장배경도 달랐다.

엘비스 프레슬리는 1935년 1월 8일 미국 미시시피 툴페로의 어려운 가정에서 태어나 고등학교를 졸업하고 트럭운전을 하게 된다. 어머니의 생일선물을 마련하기 위해 4달러를 주고 작은 음반사에서 녹음을 하게 되는데 이 사건이 그의 생에 전환점을 가져다준다. 로큰롤 황제로 불리며 한 시대를 풍미한 그는 1977년 테네시주 멤피스에서 사망하기까지 가수로, 영화배우로 산다.

그는 내쏟는 에너지의 노래와 제스처로 자신을 각인시켰다. 공연에서의 복장도 가슴을 깊게 내보이며 성적 어필을 시도한다. 마지막 하와이 공연에서 입은 번쩍이는 비즈들로 수놓인 장식적 복장이 인상적이다. 지금도 '엘비스' 하면 떠올리곤 하는 트레이드마크가 되었다.

클리프 리처드는 1940년 8월 14일 인도 러크나우에서 태어나 1948년 영국으로 이주한다. 1995년 기사작위를 받은 그는 아직도 현역으로 활동하며 기독교에 관한 책을 쓰는 등 생존해 있다. 그의 노래와 춤은 표현을 절제하는 스타일인데 이는 기독교적 영향이 아닐까 싶다. 복장도 미소년 같은 깔끔하고 정갈한 하얀 칼라가 달린 수트를 입는 것을 즐기고 흐트러짐 없는 태도로 춤과 노래를 하곤 했다. 동양풍의 외모도 그의 매력에 한 몫 한다. 1969년 가을 한국공연에서의 모습은 아직도 인터넷에서 찾아볼 수 있다. 그의 한국공연은 여고생들을 패닉 상태로 몰았다. 요즈음 아이돌 스타 팬클럽의 60년대 판(板)이다. 그날 밤 이화여대 강당 안팎이 여고생, 여대생들의 운집과 고함으로 몸살을 앓았으니까.

난 클리프 팬이었다. 광(狂) 팬은 아니었지만 그의 곱고 정갈한 모습과 깔끔한 노래가 좋았다. 영화 Summer Holiday에서 그는 얼마나 신선한가. 손을 잡고 한없이 걸으며 이런저런 이야기를 나눌 수 있을 것처럼 로맨틱하다. 시쳇말로 초식남(草食男) 이미지다.

그에 비해 열정을 절제하지 않는 엘비스가 Burning Love를 부르며 흔들어대는 다리와 '허커허커' 하는 노래의 추임새는 내게 혐오감을 불러일으키기까지 했다.

곧 육십이 되는 지금, 어느 날부터 들리기 시작한 지하철 팝송이 어린 시절의 시간들 속으로 날 이동시키며 엘비스가 새롭게 다가왔다. Can't Help Falling in Love, Are You Lonesome Tonight, Blue Christmas 등 그의 속에서부터 끌어내는 노래들이 지금에야 가슴에 와 닿는다.

소피아 로렌보다는 오드리 헵번이, 남정임보다는 문희가 좋았던 나는 이제야 엘비스 프레슬리 노래의 진가를 아는 것인가.

원초적으로 자기 통제적 인간인 내가 열정을 절제하지 않는 엘비스를 두려워했던 것은 아닐까. 이제는 클리프형(型)의 내가 엘비스를 이해하게 되었는가. 쏟아내는 희열을 선망하게 되었는가.

그 시절 엘비스에 열광했던 많은 소녀들은 그의 끈끈하고 축축한 노래 속에서 삶의 깊이를 이미 감지했던 걸까.

나이듦의 여유가 조금은 날 내보이는 것에 용기를 부여했는가. 나이듦은 곳곳에 그리움이 스며있는 것들을 감지할 수 있는 안테나를 다는 것인가. 아니면 단지 과거형의 인간으로 가는 중인가.

지하철에서 팝송 CD를 파는 것이 불법이라지만 오늘도 난 작은 복권에 당첨되는 것처럼 그들을 기다리고, 그들이 올라타면 무슨 노래를 내게 선물할까 흥미진진해진다. Love Me Tender를 들을 수 있어도 좋고, The Young Ones를 들을 수 있어도 좋다.

지나간 팝송이 날 행복하게 한다.

(2010년 현대수필 봄호 참여마당란에 게재)

서산대사

生也一片浮雲起
死也一片浮雲滅
生也本是無實体
삶이란 한조각의 구름이 일어나는 것과 같고
죽음이란 한조각의 구름이 사라지는 것과 같으니
생이란 본래 실체가 없는 법이라.

서산대사의 말씀이다.

무슨 말씀!

우리의 몸 자체가 삶의 실체인 것을.

피와 살이 있기에 고통이 있고 죽음이 있다. 희락이 있고 욕심이 있다.

실체가 있기에 주변의 많은 것들과 관계를 맺는다. 목숨을 부지해야하기 때문에. 사는 것 자체가 관계 속에서 이루어지는 것이기에.

삶이 곧 굴레이다.

세상에 던져지는 순간 우리는 자유를 포기한 것이다. 절대적 자유는 존재할 수 없다. 우리에게 허용되는 자유는 다른 사람이 배려된 제한적 자유, 상대적 자유다. 내가 살고 남이 죽어서도, 남이 살고 내가 죽어서도 안 된다. 인간간의 함묵적(含默的) 계약이다.

모든 관계를 끊고 깊은 산속 오두막에서 자활한다면 삶의 실체가 한결 가벼워질 수는 있겠지만 그렇다고 해서 실체가 없는 것은 아니다. 우리 모두가 그렇게 살 수도 없고 그렇게 살아서도 안 된다. 세상에 되는 일이 없을 테니까.

소크라테스의 처, 크산티페가 왜 악처가 되었을까.

어린 아내 들이고도 남편은 생활에는 관심 없이 밖으로만 나돌며 삶을 관념적으로 살았기 때문이다. 아내는 밥이 필요한데 그는 하늘만 쳐다보니 어찌 크산티페가 통탄을 하지 않을 수 있었을까.

소크라테스는 실존적 결혼생활이 버거워 죽음을 순순히 받아들임으로 크산티페와 지속될 삶의 공포에서 도피했는지도 모르겠다.

삶의 진흙탕에서 이리 치이고 저리 부딪히며 뒹구는 우리가 도를 닦고 있는 거다.

배가 고프고 병든 자식이 있고 게으른 남편이 있고 방탕한 아내가 있으므로 우린 도사가 되고 있다.

무소유

법정 스님은 1971년 작품 「무소유」를 통해 소유와 집착의 연계성과 그것을 끊음으로 비로소 자유로워질 수 있었다고 말한다.

스님의 집착에 가까운 애정을 받은 것은 난(蘭)인데, 그렇게 집착할 수밖에 없었던 이유는 난에게 생명이 있기 때문이었으리라. 생명을 소중히 하는 분이기에 그 식물을 극진히 돌볼 수밖에 없었으리라. 극진히 돌본다는 것은 대상물이 생활 속에서 우선순위 0이라는 것이다. 0순위를 위해 살다보면 그 외의 대상은 멀어져 생활이 편협해질 수밖에 없다.

스님의 열반 후 교유했던 어느 분의 칼럼을 신문에서 읽었다.

그분은 스님과 차를 마신 적이 있는데 차의 종류에 따라 그릇들이 달랐다고 회상했다.

뜨악했다.

난과 결별을 선언했던 스님이 여러 해가 지난 뒤 소유의 대상을 무생물로 바꾸었던 것일까.

무생물은 가치에 대한 집착만 통제하면 0순위로 올라서는 일이 없기에 스님은 허허로울 수 있었던 것인가.

그 정도는 생활의 멋으로 보아야하는가.

감히 말한다.

나도 오랜 여행을 떠날 때 베란다의 화초들 걱정은 해도 벽장 안의 비싼 그릇들 걱정은 하지 않으니. 허긴 내게는 비싼 그릇이랄 것도 없다. 그저 추억이 서린 그릇들이 있을 뿐이다. 추억을 잃을까 잠시 염려하기는 하지만 걱정하지는 않는다. 추억은 가슴에 이미 있으니까.

가난한 자는 자유롭다 했나.

과도한 소유, 탐욕은 스스로 짐을 지어 우리를 속박하는 것은 틀림없지만 지나친 무소유 역시 우리를 자유롭게 하지 않는다.

가난한 자는 가난해서 자유롭지 않다.

살려니까 무엇인가 소유할 필요가 있는 것이지 죽으려면 무에 필요하단 말인가.

법정 스님의 서적, '무소유'를 소유하려는 사람들을 심히 탓하지 않으려한다.

그들은 약간의 구속과 그에 따른 약간의 금전적인 이득을 선택한 것이다. 아주 약간일 뿐이다.

봄바람에 날린 작은 꽃잎들이 어느 것은 길바닥에 떨어져 밟히고, 어느 것은 그저 나무에 매달려 시들어진다. 어느 것은 거름이 되고 어느 것은 새의 놀이감이 된다.

우리 모두 처지가 다르고 생각이 다르다.

어떤 잣대로 우리를 일괄 평가할 수 있단 말인가.

*법정 스님이 입적하자 그의 저서 『무소유』의 값이 올랐다는 소식을 접하고.

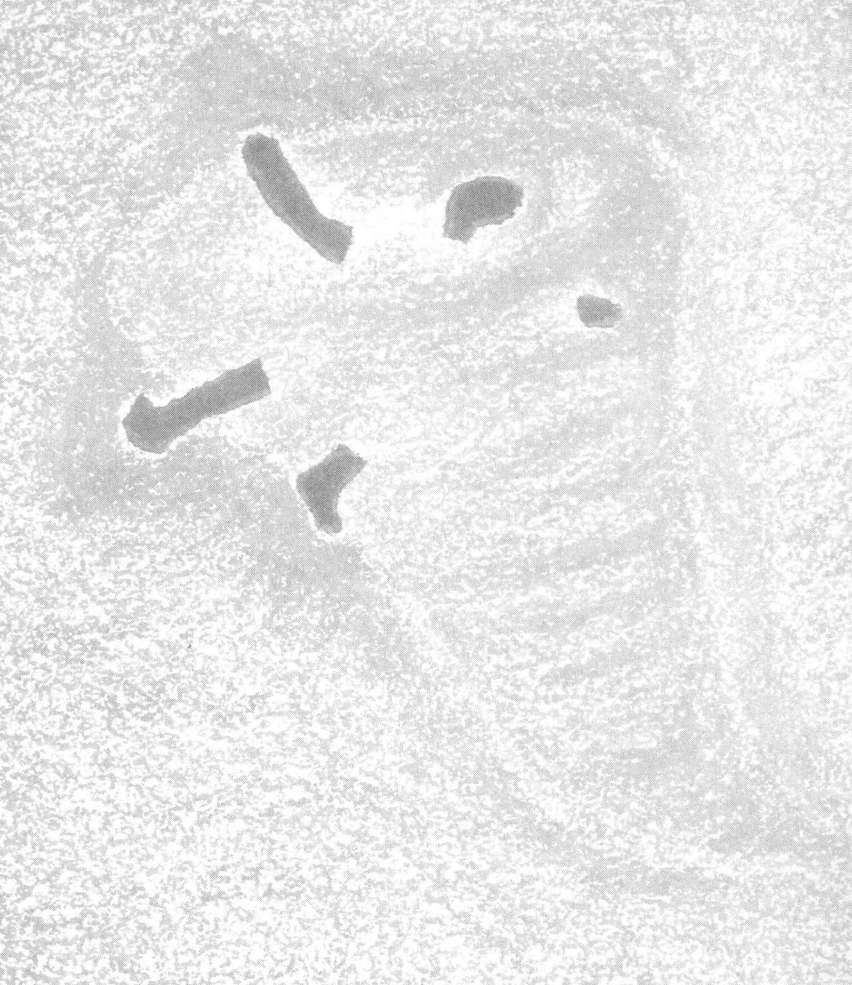

당신 그리고 나, 우리들

Ⅳ

사람
1990. 9
기정

자기 들여다보기

사람은 자기 속에 '나도 알고 남도 아는 나', '나는 알고 남이 모르는 나', '나는 모르고 남이 아는 나', '나도 모르고 남도 모르는 나'를 가지고 있다고 한다.

'내가 알고 있는 나'의 범위가 넓으면 넓을수록, 감추고 싶은 것이 적으면 적을수록 건강해진다. 그럴수록 긴장을 덜 한다. 근본적으로 긴장할 거리가 적다.

어린 나이에는 자신을 객관화시키기 어렵다.

경험의 틀이 한정적이라서 내 선택이 여러 가능성 중의 한가지라는 것을 받아들이기 어렵다. 빡빡하고 자기가 옳다고 여긴다. 겁도 없고 비현실적이다. 객기로 한없이 큰일을 할 수 있는 때이기도 하다. 좌충우돌(左衝右突)한다.

어린 나이에 자신의 장단점을 꿰뚫고 있는 사람은 보통사람이 아니다.

나이가 들면 직간접 경험들이 풍부해지면서 유연해지기도 하고 노회해지기도 한다. 나이를 괜히 먹지 않는다. 한 가지 해석만으로 세상살이를 풀이할 수 없다는 것을 인정한다. 자신도 예외가 아니라는 것을 알고 실수투성이 어린 시절의 자신과 화해한다. 자신만은 특별하다고 여겼다 하더라도 부끄러워할 줄 알게 된다.

남에게나 나에게나 너그러워진다.

불행히도 자신을 내보이는데 위협을 느끼는 사람들은 외부로부터 자신을 방어하기에 급급한 나머지 어린 아이와 별반 다르지 않다.

자신을 가리기 위해 부풀리고 포장한다. 감추다보면 진짜 자기가 어떤 사람인지 스스로도 혼돈스럽다. 왜곡된 자신과 동행한다.

자신은 점점 더 커지는 것 같은데 다른 사람이 보기에는 초라하기 그지없고 사납기까지 하다.

잔인하도록 자신에게 솔직해지는 것이 내가 아는 나를 넓히는 길이다.

두 눈을 크게 뜨고 자신을 솔직히 들여다보는 것이다. 확대해석도 말고 의기소침도 말고. 자신이 가엾으면 울기도 하고 기특하면 칭찬도 하면서.

나를 중심으로 세상이 돌아가는 것이 아니라 세상이 돌아가는 데 내가 한 부분을 차지하고 있는 것을 받아들여야한다. 관점을 바꿔야 한다. 자신이 좀 초라하게 느껴지기도 한다.

의기소침해지거나 삶에 굴복하는 것을 의미하지는 않는다. 열심을 내서 살지만 본질적으로 변할 수 없는 상황을 현상으로 받아들이는 것이다. 서글프기도 하지만 최선을 다한 자신에게 박수를 보내야 한다.

이런 사실에 동의하지 못하면 숨겨야할 자신의 범위가 넓어지는 것을 막을 수 없다.

실제의 나와 내가 모르는 나, 감추고 싶은 나와의 간극(間隙)을 좁히는 것은 우아한 개체로 가는 지름길이다.

그러나 가시밭길이다.

거짓말 유발자

누군가 당신에게 살금살금 거짓말을 하거나 가능하면 이야기해야할 사안을 피하려한다면 한 번쯤 거짓말을 하는 그 사람이 아니라 당신 자신을 되돌아보라고 권하고 싶다.

당신의 위협적이고 집요하게 추궁하는 태도에 원인이 있을 수 있다. 다른 사람을 편안하게 해주는 능력이 부족할 수 있다.

이유가 당신이 권위주의적이기 때문인지, 언제나 자신은 옳다는 확신에 차있기 때문인지, 너무 똑똑해 다른 사람의 부족한 면이 눈에 보이기 때문에 잔소리를 하는지 모르겠지만 원인의 반 이상은 당신이 제공하고 있다.

딸 넷을 가진 엄격한 아버지는 귀가시간을 저녁 일곱 시로 정했다. 딸들이 밖으로 돌면 위험하다는 것과 저녁식사를 온 가족이 함께 해야 한다는 것이 이유다. 일곱 시가 되면 아버지는 현관문에 지키고 서 있다가 5분이라도 늦을라치면 이유를 묻지도 않고 들어서는 딸의 뺨을 후려치곤 했다. 딸들은 MT갈 생각도 못했고 취직도 어려웠다. 감히 아버지에게 항의하는 일은 있을 수도 없었다.

딸들은 말수가 적었고 아버지에 적대적이며 거짓말을 하게 되었다. 학교에서 동아리를 하고 남자학생들과 어울려 활동을 하면서도 아버지에게는 시침을 뗐다. 이야기를 해봐야 아버지는 불에 댄 것처럼 화들짝 놀라 자신의 딸이 다음달 곧 임신이라도 할 듯 경계할 것임에 틀림없기 때문이다.

거짓말을 한다고 아버지는 또 때렸다. 아버지가 노인이 되어 중병에 들었는데도 딸들은 애틋한 마음이 없다. 정나미가 떨어진 거다.

거짓말쟁이는 스스로 되기보다는 주변에서 만들어낸다. 왜 그러한 행동을 하는지 이야기를 들어봐 주고 마음을 열고 같이 고민하면 당신의 주변에서 거짓말쟁이가 사라진다.

거짓말을 할 만큼 심리적인 위협을 느끼지 않기 때문에 굳이 거짓말을 하지 않는다. 거짓말 할 필요가 없다.

거짓말하는 사람도 스트레스를 받기 마련이므로 긴장감을 즐기기 위해서가 아니라면 거짓말하는 상황을 피하려 하는 법이다.

까다로움을 떨고 주변 사람들을 손아귀에 넣으려 하면 외로워진다. 당신 눈치를 살피고 눈앞에서는 복종하는 듯하지만 점차 그들이 당신을 빼돌리고 은근히 왕따를 시킬게다. 당신의 힘이 떨어지거나 당신이 필요하지 않은 결정적 순간에 당신을 내칠 수도 있다. 그럼 당신은 권좌에서 나락으로 곤두박질친다. 버둥거려도 추락은 멈추지 않는다. 인심만 잃고 힘만 빠질 뿐이다.

물론 남을 속이고 남이 속아 넘어가는 것에 쾌감을 느끼는 만성고질병 거짓말쟁이도 있다.

이건 다른 이야기다.

천생연분

사이좋게 잘 사는 부부들을 보면 잉꼬부부네, 천생연분이네 하면서 부러워한다.

두 사람이 만나 평생을 같이 하는 것이 결혼생활에 있어서 최선의 미덕임엔 틀림없다.

이혼 않고 사는 모든 부부가 행복하기만 할까.

마초적 남자들이 페미니스트 여자를 만나면 힘들어진다. 여자를 자신의 애장품쯤으로 아는 그들에게 여성의 권리를 주장하는 여자들은 주머니 속의 송곳처럼 불편한 존재다. 그 여자에게서 매력을 느끼면 느낄수록 더 불편하다. 마음과 현실간의 괴리가 점점 벌어지니까.

여자 주제에 잘난 척한다는 생각이 들고, 대드는 그녀들을 윽박지르다가 그녀들의 기세에 무서워지기도 한다. 두려워지면 강해보이기 위해 더 요란스럽게 군다. 한마디도 지지 않는 그녀들의 주장을 그들은 '말대답' 한다고 생각한다.

역사적으로 살펴보아도 여자들의 업적이 뭐가 있느냐고 비아냥거리면서 남자들의 태생적인 우월을 굳게 믿는다. 여자를 살짝 개의 한수 위 동물쯤으로 치부한다.

그녀들은 여자를 사람으로 보았느냐, 여자들에게 기회나 주었느냐 하면서 조목조목 따진다. 참정권을 여자에게 준 것이 불과 백년 내외라고 기염을 토한다. 기득권자들의 오만함이라고 서슬퍼렇게 규정한다.

이런 만남은 최악이다. 특별한 경우가 아니면 십중팔구는 이혼으로 끝맺을 공산이 크다.

그런 사람들은 애초에 만나지 않을 것 같지만 남녀지사가 그렇게 교과서적인 것만은 아니니 연애 시절에는 서로 매력을 느꼈을 수도 있다. 대드는 여자가 통통 튀어 귀엽다고 좋아했을 수 있고, 이래라 저래라 하는 남자가 자신을 정말 사랑하는 것 같다고 만족해했을 수 있다.

연애를 마치고 함께 살다보면 문제가 좀 복잡해지고 피곤해진다. 타협점을 찾기가 어렵고 심하면 폭력과 욕설이 난무할 수도 있다.

권위적인 남자들은 자신을 기사도 정신으로 무장한 백기사로 안다. 여자를 지배하며 보호한다고 여기고 극단적으로는 여자를 섹스 파트너쯤으로 알기도 한다. 집에서 벌어다주는 돈으로 살림 잘하고 애 잘 키우는 게 여자팔자 중 최고라고 여긴다. 남자가 없으면 여자의 존재사유가 없어지는 줄 안다. 자신과 같이하는 일상의 모든 것을 시혜(施惠)로 여긴다. 아내에게 고마워해본 적은 물론 없다. 가정사 모든 일은 당연히 여자가 다소곳이 해야 할 일이다. 가정적인 남자는 좀생이다.

그들의 아내들은 대학에서 총여학생장을 했더라도 기백을 장롱 깊숙이 넣어두고 묵묵히 주부로, 엄마로, 며느리로서의 삶을 감내해야 가정이 평안하다.

어릴 때 집에서 학대를 받은 경험이 있는 여자일수록 이런 상황에 취약하다. 마초적 남자들의 타깃이 되기 쉽다. 떠들지 않고 배시시 웃곤 하는 그녀들이 그들의 마음을 사로잡는다. 손아귀에 딱 쥐어진다. 자기주장이 세지 않고 조용한 그녀들이 자신들의 의지대로 움직여줘서 편하다. 어쩌면 손쉽지만 귀하게 여기지 않을 수도 있다.

이해하기 어려운 것은 어릴 때 학대를 받았다면 다시는 그러한 대접을 받지 않으려 애쓸 것 같은데 그녀들은 불행히도 자포자기한다.

언어적 학대이든 신체적 학대이든 경험한 여자는 정도가 심할

수록 자존감이 낮아지고 자신감이 결여된 채로 성장한다. 두려움이 많고 타인의 요구를 거절하지 못한다. 말을 듣지 않으면 자신에게 해가 가해질 것 같은 환상에서 자유롭지 못하고 자신이 소외될 것 같아 두렵다. 다시는 예전과 같은 상황에 처하지 않기 위해 끊임없이 주변과 타협하고 자신을 희생한다. 자유를 맛본 자만이 진미를 아는 법인데 그녀들은 쓴 맛을 먼저 보았다. 생애 초기의 강력한 학대는 뇌에 각인되어 기회가 있을 적마다 불쾌감으로 살아난다.

그녀들은 남편의 지시적이고 주도적인 생활을 운명처럼 받아들인다. 감히 대적할 엄두를 내지 못한다. 그런 삶 외에 다른 삶이 있는 것을 모른다. 경험한 바가 없어서 모든 삶이 자신의 것 같은 줄 안다. 세상이 자신에게 호의적이지 않은 것에 길들여졌기 때문이다.

마초적 남자와 학대받은 경험이 있는 여자의 결합은 이혼하지 않는다는 가치에서 보면 환상적이다.

슬픈 환상이다.

(2010년 현대수필 겨울호 참여마당에 게재)

똥 싼 놈이 뿔낸다

서울대학교 정문에서 서울대입구역 쪽으로 내려오며 오른쪽에 위치한 낙성대동은 주택가라서 골목이 좁아 일방통행로가 대부분이다. 한 번 길을 지나치면 뱅글뱅글 돌아야한다. 빤히 보이는 데도 ㅁ자로 돌아가야 한다.

출근시간대에 신림동에서 서울대학교 정문을 거쳐 큰 길을 따라 강남으로 가려면 엄청난 인내심을 요구한다. 차가 '공회전 마냥, 운행 찔끔'을 반복한다. 관악구청 맞은편 골목길을 잘 아는 사람들은 일방통행을 거슬러 주택가로 스며든다. 지름길이 있다.

골목길 안쪽에 위치한 우리 집은 내리막길만 허용된다. 집이 워낙 산에 딱 붙어있어 차량 두 대가 스쳐 지날 수 없다.

마음 급한 출근자들이 이 길을 거슬러 가곤 하는데, 스스로도 위법이라는 것을 알기에 조금 켕겨하면서 서둘러 지나친다. 게다가 길이 언덕지고 굽어있어 상대가 바짝 다가서기 전에는 보이지 않는다. 맞은편에서 차라도 오면 꼼짝할 수 없고, 오르던 위법차량들이 질금질금 뒤로 물러나 길을 터주어야 한다. 더디다. 줄줄이 서 있을 때는 더욱 난감하다. 순방향 진행차량은 의기양양하게, 조금은 거들먹거리면서 전혀 서두르는 기색이 없다. 눈까지 부라린다. 그런 일이 발생하면 출근시간 단축전략에 차질이 생긴다. 역주행 운전자들은 돌발상황이 벌어질 절대시간을 최소화하기 위해 서두른다.

여러 이유로 그들은 그 길을 갈 때 마음이 편치 않다.

아침, 재활용품들을 내다놓기 위해 아파트를 나섰다. 마침 출근시간이라 예의 거꾸로 운전자들의 차량이 줄을 이었다.

언짢은 표정으로 올라오는 차들을 쳐다보자 지나던 젊은이가 차창을 내리며 "아줌마가 뭔데 꼬나봐요?" 하고 시비를 건다.

"여기 일방통행로에요."

"그래서요? 아줌마가 뭐냐구요?"

"나, 주민이요."

켕기고 있던 중 웬 몸빼바지 입은 아줌마가 떫은 눈빛을 하니 기선을 잡을 생각이었던 것 같다. 애꿎은 분풀이다.

내가 만만해 보이지 않았는지, 출근시간을 더 잡아먹을 수는 없었는지, 뒷차에 피해를 준다고 여겼는지 째려보며 슬그머니 차를 움직인다. 움직이며 구시렁댄다.

내가 꿀릴 것이 없으니 붙잡아 아줌마의 심통을 보여주고 약을 올릴까, 출근길 기분을 싹! 잡쳐줄까도 잠시 생각했다.

내 행색도 그렇고, 시시비비하다가 출근하는 앞집 아저씨와 마주칠까봐 두려워 돌아섰다.

일방통행로를 거꾸로 가는 사람들은 대체로 뭔가 구리기 때문에 차를 급하게 몬다. 빨리 그 길을 벗어나 '없던 일'인 듯 입을 씻어야 하기 때문이다.

심리적으로 불편하기에 물리적으로도 위험하다.

아침의 청년처럼 불편한 마음을 공격으로 정당화하려 하기도 한다. 공격이 최대의 방어라는 생각에 그런다. 겸연쩍으니 궁지를 벗어나고 상대의 기를 죽이기 위해 되레 날뛴다. '무죄'를 강변하기 위한 행위로서.

'똥 싼 놈이 뿔낸다'는 옛말이 하나도 틀리지 않다.

똥 싸지 않은 놈이 뿔낼 이유가 어디 있나.

의연하게 하던 일 계속하면 되는데.

머리로 밥 먹는 시대

S라인 유지를 위해, 만성질환 예방이나 치료를 위해 우리는 식단을 고려한다.

삼겹살에 소주를 매일 즐기다보면 콜레스테롤 수치가 높아지거나 지방간이 되어 고생할 수도 있다.

과도한 다이어트는 면역체계에 문제를 일으킬 수 있다. 백혈구 수치를 떨어뜨릴 수 있고 애들도 안 걸리는 '수두'로 고생할 수 있다.

한편 무작정 '빼빼마름'에의 선망은 거식증 환자처럼 일그러진 외모를 선물할 수 있다.

어느 한의사는 자신의 체질에 따라 극단적으로 음식을 골라 먹으라 권한다.

노인건강연구소에서는 삶은 돼지고기를 즐겨먹은 노인들이 장수한다는 연구결과를 내놓았다.

과연 '기름기 없는 고기' 때문에만 그들이 장수할까. 두메산골에서 고기를 적당히 먹을 수 있다는 것은 기본적으로 풍요롭다는 것이다. 나름 물질적으로 풍요롭고 노인 공경하는 가풍 속에서 큰 스트레스 없이 살 수 있는 조건이 변수로 작용했을 확률이 크다. 본인의 성격도 있을 테고.

최근 미국 보스턴 대학교 세바스티아니 박사와 펄스 박사 연구팀이 장수하는 유전자 서열을 발견했다고 한다. 이런 행운을 지니고 태어나는 것과 동시에 주변 여건이 주어져 건강, 장수하는 것일지 모른다.

그래도 의사들은 적절히 고기를 먹는 것이 건강에 좋다고 권한다.

백혈구 수치를 높이고 빈혈, 골다공증에 도움이 된단다.

체지방지수(BMI)가 18.5~25면 정상이고, 25~30은 살짝 비만이라고 한다. 체지방지수가 25~30이면 외형적으로 통통한 사람인데 그들이 질병에 잘 걸리지 않고 오래 산다는 연구도 있다.

언제는 마른 사람, 소식(小食)하는 사람이 오래 산다고 했다. 물론 소식도 양의 문제가 아니라 질이 수반된 소식을 의미할 것이다.

미국의사 애트킨스가 창안한 고기만 먹고 체중을 조절하는 황제 다이어트가 한때 유행했는데 그가 비교적 젊은 나이에 심장마비로 죽는 바람에 요즈음엔 시들해졌다.

의학적인 근거가 무엇인지 궁금한 다이어트 방법들이 유행 따라 쏟아졌다가 사라지곤 한다. 차라리 골고루 배부르지 않게 먹고 운동을 하는 것이 정답일 것 같은데 다이어트 정보로 인터넷은 항상 뜨겁다.

눈에는 블루베리가 좋고, 전립선에는 토마토가 최고며, 여성의 갱년기에는 석류, 남성엔 복분자란다. 물론 기본적인 식사 외에 이름 그대로 보조하는 것을 의미한다.

항암음식, 항산화 작용 음식에 대한 이야기들도 쏟아진다. 씀바귀가 늙지 않는데 좋다는 방송이 나가면 그날 시장의 씀바귀는 동이 난다. 시장좌판의 아주머니들도 정보에 둔감하면 이익을 얻는 데에 실패한다.

건강식품과 건강보조 약품들이 판을 치고, 사업성도 좋은지 불황을 모른다. 홍삼, 흑마늘, 양파, 동충하초, 산수유….

예전에는 동물성 위주의 건강보조 식품이 대세였다. 개소주, 녹용, 염소 피, 잉어탕 등.

임신 중 잉어, 붕어탕을 먹으면 눈이 큰 아이가 태어난다고 해 서양식 외모를 선망하던 시절 많은 임신부가 잉어탕을 먹었다. 그들의 아이들이 얼마나 큰 눈을 가졌는지는 모르겠다. 못

먹던 시절이니 단백질 보충이 목적이라고 본다.

건강에 좋다는 음식의 정보를 모두 실천하려면 하루 세끼로는 부족하고, 수시로 간식을 하며 엄청난 양의 음식을 먹어야한다. 위의 크기에 한정이 있으니 현실적으로 불가능하다.

쏟아지는 정보로 정신이 어지럽고 무엇이 진실인지 고민이 많은 시대다. 사실 진실이 무엇인지 어떻게 알까. 알 수가 없기에 더욱 의견이 분분하고 관련 사업은 성업 중이다. 인간에 관한 완벽한 연구란 있을 수 없으니까.

이제는 밥을 입으로, 식욕으로만 먹는 것이 아니라 미용이나 건강 혹은 철학을 바탕으로 해서 머리로 먹는다. 머리에 입맛을 맞춘다.

환경주의자들은 지구가 더럽혀지는 것이 소들의 방귀 탓이니 육식을 덜 하자고 한다. 아무리 인도적인 방법을 쓴다고 해도 동물이 죽을 때 고통을 감지하니 잔인한 행위는 그만 하자고 채식주의자들이 외친다. 동물이 도살될 때 두려움으로 스트레스 호르몬을 마구 분비한다고 한다. 우리들은 육식을 하면서 그들의 살점과 동시에 그 호르몬을 섭취한다. 일부 학자들은 나날이 인간이 잔인해지는 이유를 육식섭취에서 찾는다.

성경에서는 탐식(貪食)을 죄악의 하나로 본다.

절제하지 않고 입맛에 맞는 음식만 먹는 것은 바람직하지 않은 식생활이다. 과도한 뚱보에 대한 의견도 다양하다. 질병이라는 관점도 있지만 정크 푸드와 소다 음료가 진출하는 지역에서 급속히 뚱보가 느는 것을 보면 음식의 종류가 과도한 체중의 한 요인이 되는 것은 분명해 보인다.

모교수는 아침에 선식 미숫가루에 야채샐러드만 먹으니까 머리가 맑아지고 혈압도 안정적이 되었다고 한다. 솔직히 맛은 없다고 한다.

이것이 오늘날 우리들의 식단이다.

맛난 음식 먹는 재미에 산다는 것은 옛말이 되었다. 먹을 것이 넘치는 시대에 건강하게 살아남으려면 식욕을 다스리고 절제해야한다.

음식은 입으로 들어가지만 그 전에 머리로 무엇을 먹을 것인지를 결정해야 생존할 수 있는 시대가 되었다.

먹는 것이 넘쳐나면서 먹는 것에도 지식이 필요한 때가 되었다.

풍요 속에서 절제하는 도를 닦아야한다.

쓰레기통의 예(禮)

우리 집은 빌라형 아파트로, 음식물 쓰레기 처리방법이 일반 아파트와 다르다.

음식물 쓰레기를 지정 쓰레기봉투에 담아 배정된 통에 넣어놓으면 새벽에 청소아저씨들이 가져간다. 규정 쓰레기봉투에 넣지 않은 음식물 쓰레기는 그냥 놓고 간다. 규정된 쓰레기봉투에 담지 않은 쓰레기를 살짝 두고 가는 얌체들이 있어서 통 속에는 언제나 아저씨들이 두고 간 음식물 쓰레기가 남아있다. 이것들이 쌓여 통의 반은 항상 그런 음식물 쓰레기로 채워져 있다.

부끄럽지만, 그 음식물들을 꺼내고 통을 온전하게 비울 엄두가 나지 않아서 모른 척 그냥 지나치곤 했다.

어느 날 누군가가 쌓여있던 음식물 쓰레기를 모두 치웠다. 너무도 고맙고 미안했다.

그런데 이틀쯤 뒤 누군가가 비닐봉투에 음식물을 담아 깨끗이 비워져 있던 쓰레기통에 던져놓았다.

화가 났다.

이럴 순 없다고 여겼다.

씩씩거리며 경고문을 쓰기로 했다. 어떻게 품위를 유지하면서도 정곡을 찌르는 문장을 만들까 고민했다. '쓰레기봉투에 담지 않은 음식물 쓰레기는 버리지 마세요. 열심히 치우는 사람에 대한 예의가 아닙니다'라고 썼다. 행여 비에 젖을까 코팅을 하고 넓은 투명 테이프로 쓰레기통 뚜껑을 감싸다시피 붙였다.

문득 '예의가 뭐지?' 하는 생각이 들었다.

이것은 서양에서 말하는 '에티켓'과는 좀 다른 것 같다.

마음이 담긴 에티켓이랄까, '염치'를 아는 것이랄까.

서양 사람들은 우리에게 길에서 부딪쳐도 미안하다는 말을 하지 않는다고 탓한다. 그런 면도 없지 않다. 우린 그들보다 다른 사람과 부딪치는 것 자체를 경계하지 않는다. 그들보다 스킨십에 너그러운 것일 수도 있고, 번거로운 곳에서 살며 살닿는 것에 무뎌졌을 수도 있다. 안하무인(眼下無人)격 태도일 수도 있다.

미국에서 살면서 그들의 정 떨어지는 에티켓을 많이 봤다.

슈퍼마켓에서, 길거리에서 슬쩍 부딪히면 즉각 'Sorry!' 한다. 아무런 표정도 미안감도 없이 차가운 눈빛에 입술만 달싹하는

'쏘리!'다. 반사행동이다.

최소한 이것은 '예의'가 아니다. 오히려 그 속에서 '네 까짓 것!' 하는 비하를 읽기도 했다.

예의는 도포 입고 갓 쓴 할아버지 시절에나 지키던 것이 아니라 온 세상의 소식을 실시간으로 접할 수 있는 이때에도 지켜야 하는 것이다.

최소한 부끄러운 것이 뭔지는 아는 것, 사람다운 삶이 뭔지 가끔 생각하는 여유 같은 것은 아닐까.

손편지

친구들이 해외에 많다.

미국, 캐나다는 물론 뉴질랜드, 영국, 스웨덴에 이르기까지.

그들과 오랜 시간 편지를 주고받았다. 이런저런 얘기 전하는 재미, 손을 놀려 글을 쓰는 즐거움을 오랜 시간 즐겼다. 예전에는 소식을 전하는 방법으로, 국제전화료가 너무 비싸서 손편지를 썼다.

예쁜 봉투와 편지지를 사고 손맛이 좋은 펜을 고르고 일일이 우체국에 가서 우표를 사서 부쳤다. 손편지가 전달되는 과정 중 작은 일 하나하나마다 크고 작은 즐거움이 배어있었다. 내가 편지를 쓸 때도 즐겁고 그들의 편지를 우편함에서 발견하면 또한 즐겁다. 그날은 작은 보석을 선물 받은 것이다. 성급하게 뜯으며 집으로 들어서는 것이 보통이었다.

언제부터인가 우편함에서 발견할 수 있는 우편물은 고지서와 홍보물뿐이다. 나 자신도 점점 덜 쓰게 되고 그러니 친구들의 손편지도 기대하기 어렵게 되었다. 기대는 줄었지만 섭섭은 여전하다. 나도 그녀들을 섭섭하게 했겠다.

손편지가 점점 줄어들게 된 친구들 사연도 가지가지다.

시대변화에 따라 이메일을 쓰게 된 것은 그나마 바람직하다. 이메일은 공짜이며 빠르다. 친구가 이사를 해도 주소에 신경을 쓸 필요가 없다. 우체국까지 걸어갈 필요도 없다. 편리함이 번거로운 정겨움을 밀어냈다.

복수의 전화사가 생겨나 경쟁을 하고, 인터넷 전화로 인해 국제전화 통화료가 엄청 저렴해진 것에도 공(功)이 있다. 나부터도 오천원을 내고 한 시간 넘게 수다를 떠는 것이 좋다. 글을 통해 전하는 생각의 맛을 대신하지 못하지만 실리적이라고 여기는 것 같다.

포근하고 느리게 사는 재미를 잃어간다. 저항도 하지 않고 자포자기다. 시류에 편승이다.

IT발달로 인한 미래지향적 변화가 아니라 '자연'을 거스를 수 없는 경우도 있다. 친구가 죽어 편지를 띄울 장소를 잃기도 하고, 친구가 이제는 팔이 아파 글을 쓸 수 없기도 하다.

더 나쁜 것은 삶이 팍팍해져 소식이 끊어지는 것이다. 이국 먼 땅에서 살 곳이 마땅찮아 지인의 집에 얹혀살고 컴퓨터도 없다. 이리저리 옮겨 다니게 되니 우편물은 쇼핑몰 한구석에 있는 사서함으로 받다가 그나마 요금내기가 벅차면 슬그머니 폐쇄한다.

나 역시도 한두 차례 이리저리 연락을 취하고 연을 이으려 노력하다가 지친다. 집기들을 정리하며 오래된 그녀의 편지를 발견하고는 애처롭고 짠한 마음으로 이젠 '아듀'를 고해야할 때가 아닌가 자문한다. 만나면 헤어질 때가 있는 법이라고 자위한다. 손편지가 추억 속의 아름다움으로 남듯이 그녀도 내 추억 속에 갈무리해야할 상황에 처한 것 같다. 쥐고 있던 끈을 슬그머니 놓아버리는 순간이다. 한때는 등하교를 같이 하고 꿈을 나누었지만 이제는 물리적인 공간뿐 아니라 생활이 달라지고 마음도 멀어져간다.

모눈종이 편지지도 예쁜 글씨가 써지는 펜도 책상 속에 가만히 들어앉아있다. 손편지와 함께 정물(靜物)이 되어간다.

이 름

사람의 이름을 보면 그 부모가 보인다.

대부분의 부모들은 자신의 육신을 빌어 태어난 자녀에 전율하며 가장 좋은 것을 주고파한다. 선물인 자녀의 이름에 기대와 소망을 담는다.

가끔은 그런 원천적인 축복에서 비끼는 경우도 있긴 하다.

예전에는 여자는 말 잘 듣고 착해야한다고 금순이, 옥순이, 사월에 낳았다고 사월이, 예쁘다고 예쁜이, 아기라고 애기. 할머니가 되어도 아기다.

남자아이들은 오래 살라고 개동이, 부자 되라고 금부(金富).

1940년대 출생한 여자아이들은 무슨 '子'가 많다. 시대적인 맥락이다. 일본의 지배 시절 창씨개명 아래 여자아이는 '…꼬'이려니 했기 때문이다.

혹시 1950년대 후반 태어난 여자가 '명자, 경자, 숙자' 하는 이름을 가지고 있다면 부모가 상당히 보수적인 관점을 지니고 있었을 가능성이 짙다. 시대적 변화를 감지하지 못했거나 일제시대에 대한 향수를 가지고 있었을 수도 있다. 극단적으로는 딸이어서 관심 밖이었을 수도 있다.

일본이 세계대전에 패하고 물러가자 여자아이들 이름에 '姬'를 붙였다. 시대적인 유행은 살짝 비끼지만 '계집 희'자를 넣으므로 딸이란 사실을 확인시킨다.

1950년대 초에 태어난 딸의 이름에 항렬을 따르는 것은 꽤 진보적 사고를 지닌 부모다.

난 基晶이다. '基'자는 항렬을 따른 이름이고 '晶'자가 내 고유의 이름이다. 기옥이도 기숙이도 아니고 기정이다. 이름이 항렬을 따랐을 뿐 아니라 맛이 상당히 중성적이다. 인간이 남자와 여자로 구성되어있지만 그 이전에 그저 인간일 뿐이니 새로운 세상에서 삶을 시작하는 아이에게 합당한 이름인 셈이다.

서러운 이름도 많다.

딸이 많아 일일이 이름 짓는 것도 힘들거나 관심이 없어서, 아들을 기대했는데 딸이 나왔다고 멸시해서 이름을 짓기도 한다.

남자동생을 보라고 남득이, 딸 그만 낳으라고 그만이, 종녀(終女).

종손이며 팔대 독자인 친구의 남편은 시름없이 담배를 피우다가 개나리 담배이름을 보고 첫딸의 이름을 '나리'라고 지어 친구와 크게 다투었다. 이름만 들으면 예쁘지만 이름을 짓게 된 동기가 불순하다. 아들을 기대했는데 딸이 태어나 업수이 여긴 소치라고 여겼다. 그 친구는 딸을 계속 낳았는데 시집에서의 서러움이 지난(至難)해 결국에는 양수검사를 하고 딸 둘을 유산시킨 후 아들을 낳았다. 아들은 항렬을 따라 이름 지었다.

낚시를 좋아하는 아빠가 딸을 낳자 첫 딸은 잉애, 작은 딸은 붕애. 이것은 상당히 귀여운 작명이다. 사랑스러운 딸들을 자신이 그토록 낚고 싶어 하는 물고기로 이름 지어 곁에 두고자 하는 것이다. 월척이 따로 없다.

죽은 딸 밑으로 또 태어난 딸을 호적에 올리는 일이 귀찮았던 아버지 덕분에 언니 호적과 이름을 그냥 물려받아 태어나자마자 세살이 된 딸도 있다. 후일 정년이 3년이나 당겨져 그 딸은 일찍 일자리를 그만둬야했다. 물론 좀 더 일찍 공짜 지하철을 타기는 하겠지만. 어떤 고운 이름을 물려받았다고 해도 자신의 고유한 이름 없이 평생을 사는 서글픈 이름이다.

1980년대 초반 출생한 아이들에게는 순수한 한국이름이 많다. 이슬, 나래, 아람, 보람 등이다. 한국적인 것에 긍지를 가지기 시작한 부모들의 철학을 엿볼 수 있다.

요즈음 대학생들에게서 유난히 많은 이름이 유진, 수연, 수진, 주연, 지원, 소현이다. 1980년대 말 출생들이다. 한 학기에 서너 명은 만난다. 이름에도 유행이 있는 것 같다. 부르기 쉬운 이름, 영자로 표시하기 좋은 이름을 선호한다. 세계화를 겨냥했다.

요즈음은 부모의 성을 따라 한박영주, 윤하옥자라고 한다.

의문을 제기한다. 그러면 그 자녀는 어찌하나. 최대한 성이 네 글자는 될터인즉 너무 불편하지 않을까.

한박김이수철. 뭐 이렇게?

엄마가 재혼을 해 새남편이 생기면 아이들의 성을 새아버지의 것으로 바꿀 수 있다고 한다. 학적부에 다른 성의 아버지가 기록되므로 해서 친구들에게 왕따를 당하지 않도록 하는 조치라고 했다.

엄마가 한 번만 재혼을 한다는 보장은 어디에서 해주는가.

아이는 엄마가 결혼을 할 때마다 이씨가 되었다가 박씨가 되었다가 정씨가 된다. 엄마의 성씨가 평범해서 같은 성씨의 새아버지를 만날 확률이 높으면 그나마 다행이다. 아이의 새로운 성을 염두에 두고 좋아하는 남자가 전 남편의 성씨와 같은가 생각하면서 사귈 수는 없다. 사랑하기 전에 이씨라서 되고 권씨라서 안 된다면서 마음을 정하는가.

남편의 어머니는 재혼을 해 첫 결혼에서 '김여사'였다가 '이여

사'가 되었다. 어렸을 적 집으로 놀러온 남편의 친구들이 '너는 김씨인데 너희 집 문패는 왜 이씨냐?'고 했다. 물론 그 시절 그 소년도 그러한 것들이 곤혹스러웠다. 그 시절에는 이씨가 되는 방법도 없었지만 그렇다고 '이씨'가 되고 싶지도 않았다. 고독을 운명처럼 받아들이며 이겨냈다. 남겨진 유품도 없이 마음으로만 아버지를 그리며 평생을 살았다. 소년은 교수가 된 후, 해외 학회에 참석하게 되면 납북된 아버지의 그림자를 찾곤 했다. 김일성대학이나 김책공대의 교수들에게 그 대학에 '김아무개'라는 교수가 없는가 물었다.

인생이 그런 거다. 단지 성씨 때문이 아니라 어머니의 재혼에 의미가 있는 거다.

아는 이가 딸을 시집보내는데 새로 결혼한 이씨 남편의 성으로 청첩을 했다. 딸은 울고불고 했다. 그럴 것이, 김 아무개가 졸지에 이 아무개가 되었으니 자신의 정체성을 하루아침에 뒤집는 일대 사건이 아닌가. 신부의 친구들이며 직장 동료들이 식장에 와서 어리둥절하지 않겠는가.

엄마는 전남편을 다시는 보고 싶지 않을지 몰라도 아이는 아버지가 그리울 수 있다. 왜 내가 낯선 남자의 성씨를 따라 '눈 가리고 아웅'식의 청첩을 한단 말인가 의문하는 딸을 엄마는 무슨 권리로 막는가.

갑자기 이씨가 되어 시집을 가게 된 그 딸의 엄마는 몇 년 못 살고 이씨 남편과 이혼했다. 영원할 수 없는 일에 딸을 고통스럽게만 한 꼴이 되었다. 딸은 죽을 때까지 결혼사진을 들여다볼 때마다 불쾌할 것이다. 딸은 자식에게 왜 그 당시 자신이 '이씨'여야 했는지 납득시켜야 하는 과제가 남았다. 엄마도 면목이 없게 되었다.

현실을 피하려하지 말고 주변을 설득하고 당당히 운명에 맞서는 용기를 내는 것은 어떠할까.

영원은 없다. 변화에 따라 옷을 갈아입기보다는 약간의 고통을 감내하고 불이익을 받더라도 나를 고수하는 것도 잘 사는 길이다.

성씨는 내가 어디에서 유래되었는지 가늠할 수 있는 씨앗이다.

이름은 내 ID이며 부모의 철학이다. 그 위에 내 개인적 역사를 써내려간다.

오리부인

언제부터인가 마스크가 한층 업그레이드되어 얼굴 전면을 덮는다. 색도 하늘색, 분홍색, 갈색으로 다양하다. 눈만 내놓고 얼굴전체를 덮을 만큼 널찍한데 숨쉬기가 용이하라고 코 부분은 가로로 절개했다.

그것을 쓰는 사람은 대부분 여성이다. 오리처럼 보인다. 코 부분 절개가 코 높이로 해서 오리주둥이 모양으로 비죽이 들리기 때문이다.

난 그네들을 오리부인이라 부르겠다.

그네들은 산에서는 물론 거리에서도 오리마스크를 착용한다. 심지어는 자동차를 운전하면서도 쓴다.

피부에 레이저를 쏘았기에 당분간 햇빛을 조심하라는 의사의 지시가 있는지도 모르겠다. 그렇지 않다고 하면 하얀 피부유지를 위한 일상 중 각고의 노력일 수도 있다.

의문이 든다.

그럼, 하얗고 뽀얀 얼굴은 누구에게 보이기 위함인가. 가족외 사람들은 길거리를 걷다가 섬뜩한 느낌을 받아도 상관없다는 태도에서 비롯되었나. 집안에서까지 오리마스크를 쓸 리는 없을 테니까.

나의 의문에 남편은 '예쁘지 않은가 보지' 하고 농을 한다.

난 그네들을 만날 때마다 어김없이 놀란다. 어스름 녘에는 더 놀란다. 도통 면역이 되질 않는다. 언제나 혐오스럽고 무섭다.

햇빛을 빌미로, 황사를 구실삼아 어떤 이들은 썬캡에 선글라스와 오리마스크 일습으로 얼굴을 중무장한다. 스키마스크를 쓴 은행강도를 연상시킨다.

그 사람의 눈빛도, 미소나 분노로 인한 근육의 움직임도 볼 수가 없다. 인간과 인간이 상호교류할 수 있는 어떠한 빌미도 제공하지 않는다. 타인의 접촉에 대한 거부일 수도 있겠다. 자신들은 노출시키지 않고 다른 사람을 관찰하는 즐거움을 누리고 있는 것인가.

11세기 잉글랜드 중부지방 코벤트리에는 레오프릭이라는 영주가 있었다. 그는 농노들에게 과중한 세금을 부과했다. 이것을 비판한 사람은 그의 부인, 레이디 고디바였다. 영주는 그녀가 알몸으로 말을 타고 영지를 한 바퀴 돌면 지나친 징세를 거두겠노라 제안한다. 레이디 고디바는 제안을 수락한다. 영지의 농노들은 감동하여 레이디 고디바가 영지를 도는 동안 누구도 내다보지 않기로 한다.

예외는 있는 법.

재단사 톰은 커튼을 들추고 몰래 훔쳐보다가 눈이 먼다.

심리학에서 관음증 환자를 피핑톰(훔쳐보는 톰)이라는 용어로 부른다.

오리부인들은 관음증 환자인가.

익명성 뒤에 숨어 자신에게 필요한 관계를 일방적으로 선택하는 주도권을 즐기는가.

그러하다면 악플러들의 심리와 흡사하다.

익명성의 만용, 익명성의 횡포다.

천 국

천국으로 들어가는 문을 지키던 베드로 사도가 커다란 가방에 금궤를 낑낑 싸들고 온 사람에게 '보도블록은 왜 들고 오셨습니까?' 했단다.

죽어서도 금궤를 싸들고 다니는 위인이 어떻게 천국의 입구에라도 갈 수 있었는지는 알 수 없지만 천국에서의 보도블록은 금이란다.

요한계시록에 묘사되어있는 천국은 아래와 같다.

그 성곽은 벽옥으로 쌓였고 그 성은 정금인데 맑은 유리 같더라. 그 성의 성곽의 기초석은 각색보석으로 꾸몄는데 첫째 기초석은 벽옥이요 둘째는 남보석이요 셋째는 옥수요 넷째는 녹보석이요 다섯째는 홍마노요 여섯째는 홍보석이요 일곱째는 황옥이요 여덟째는 녹옥이요 아홉째는 담황옥이요 열째는 비취옥이요 열한째는 청옥이요 열두째는 자수정이라. 그 열두 문은 열두 진주니 각 문마다 한 개의 진주로 되어있고 성의 길은 맑은 유리 같은 정금이더라.

이대로 상상해 보라. 황홀해서 입이 다물어지지 않는다.

허나… 천국이 물질적인 것으로 규정내릴 수 있는 곳일까.

'물질'은 변하기 마련이다. 아무리 아름답고 귀한 것도 닳아지고 낡아져서 흠집이 나고 결국에는 삐걱거릴 것이다. 본래의 모습을 유지하기가 어렵다. 물론 천국의 금으로 된 바닥이며 옥으로 된 벽이 매순간 새로워지는 마법을 지녔다면 가능하겠다.

물질은 가질수록 갖고픈 욕구를 부추길 가능성이 있다. 물질이 흘러넘치면 그렇지 않을는지도 모르겠다. 금이 돌처럼 흔하다면 '금보길 돌처럼' 할 수 있을지도 모르니까. 내가 원하기만 하면 언제든지 가질 수 있다면 굳이 소유할 필요가 없을테니까. 경제적인 가치가 없어지니 소유하고픈 욕심도 없어진다. 많으면 소중하지 않은 법이니까.

감히 천국은 손으로 만질 수 있는 것이 아니라고 말하겠다. 오히려 느낄 수 있는 것에 더 가까울 것이라고 말하겠다.

천국에 형태가 있다면 넓은 초원에 맑은 샘물이 있고 샘물은 넘치지도 마르지도 않을게다. 나무들은 그늘을 만들어 사람들과 짐승들을 쉬게 할게다. 사람들과 짐승들은 나직한 말소리로 이야기 나눌게다. 천국에서의 육신은 너무 어리지도 너무 늙지도 않은, 몸이 없는 듯 평안한 상태일 것이다.

천국은 화려하다기보다는 소박, 깔끔하고 은은한 향이 공기 중에 스며있으며 그런 것으로 인해 저절로 마음이 평안해지는 곳이리라. 어디서 들리는지도 모르게 음악이 배어있고, 덥지도 춥지도 않으며 온갖 꽃과 나무들이 있는 곳이라면 어떨까. 새들이 어깨에 내려앉고 곰들과 같이 뒹굴 수 있는 곳이라면 어떨까. 적절한 비와 눈과 안개와 바람들이 있어 그것들의 아름다움을 만끽할 수 있는 곳이라면 어떨까.

그곳에는 웃음도 있지만 침묵도 있고 가슴 벅찬 눈물도 있어야겠다.

부드러움도 있어야겠지만 냉철한 이성도 있어야겠다. 한곳으로 치우침 없이 공정한 것이 통해야겠고 상식과 충돌하지 않아야겠다. 너그러움도 주요 양념이다.

팔길이보다 긴 숟가락만 사용해 밥을 먹어야하는 나라가 있었단다. 그 나라 안의 천국구(天國區) 사람들은 포동포동, 방실방실한 모습인데 지옥구(地獄區) 사람들은 허기가 져 항상 화를 내고 누군가와 싸울 기회만 노리고 있었단다.

모든 사람들이 지옥구 사람들과 만나는 것을 두려워해 슬슬 피하기에 그들은 자기들끼리만 몰려다니며 서로 할퀴고 물어뜯고 죽일 듯이 으르렁거렸단다.

같은 조건 아래 사는 이들의 무엇이 이들을 다르게 한 것일까.

포동포동 구역 사람들은 사이좋게 긴 숟가락으로 상대방에게 밥을 떠먹였지만, 허기 구역 사람들은 허겁지겁 자신의 입으로만 밥을 넣으려 하니 밥이 입으로 들어가진 않고 모두 쏟아졌던거다. 그럴수록 마음이 급해지고, 자신들의 긴 숟가락으로만 밥을 먹어야하는 처지를 견디기가 어려웠다.

천국이 죽어서만 갈 수 있는 곳이라면 왜 우리는 죽음을 두려워하고 죽은 자를 애도하는가.

낯선 곳에 대한 막연한 두려움인가. 통상적으로 우리는 낯선 곳에로의 여행을 두려움 가운데에서도 설레며 갈망하지 않는가. 그럼, 묻겠다. 우리가 천국에 빨리 가고파 죽음을 갈망한 적이 있는가. 기쁜 마음으로 죽고 싶어 안달하는 사람을 본 적이 있는가.

천국은 물질적인 것을 넘어서는, 더 나아가 물질적인 것을 포괄하는 그 어떤 곳이어야 한다는 것을 의미하는 것은 아닐까.

우리가 살고 있는 '여기' '지금'이 천국일 수도 지옥일 수도 있는 것은 아닐까.

죽을병에 걸렸거나 구걸을 해야만 끼니를 해결하는 최악의 상황만 아니라면 마음이 천국이고 동시에 마음이 지옥인 것은 아닐까. 어쩌면 최악의 상황이라 하더라도 마음에 따라 천국일 수도 지옥일 수도 있는 것은 아닐까.

타인이 말할 수 있는 것이 아니라 자신만이 알 수 있는 것은 아닐까.

죽어서 천국에 가는 것이 아니라 살아서 매일 매순간 천국과 지옥을 넘나드는 것은 아닐까.

피와 살로 된 육신이 있는 한 천국을 실현하기는 불가능해서 천국을 죽어서야 갈 수 있는 곳이라고 하는 것일까.

아니면 천국이란 단지 죽음에 대한 위안인가.

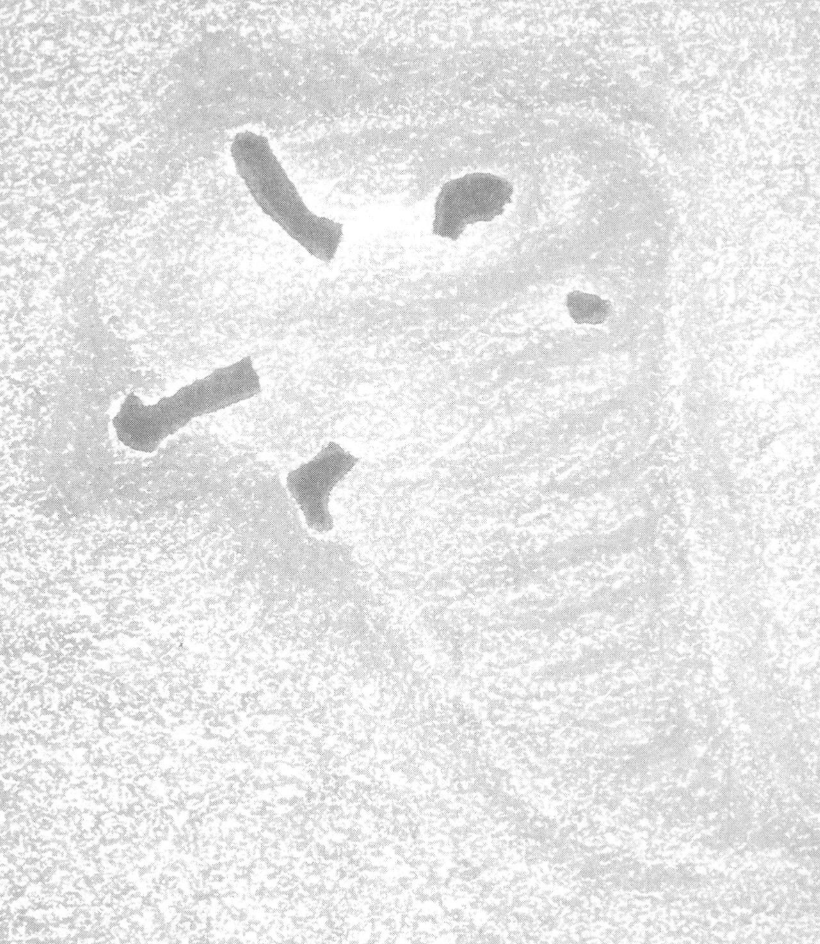

쉼표, 마음에 점 하나

사람
1990. 9
기정

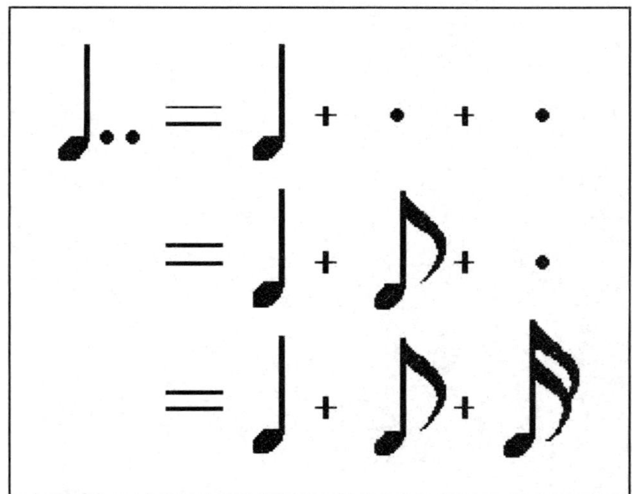

외출하면서
듣던 음악을 끄지 않음은
자동으로 off되기 때문만은 아니다.
콩나물들이
빈 집안 가득 넘실대다가
내,
돌아와 들어서면
향기처럼
벽 틈새에서 스며나와
몸 곳곳에 붙어
체취가 될 것 같기 때문이다.

새야 올라라

새야 올라라.

언제 땅에 내려앉았는지
기억조차 없도록
새야 올라라.

항상 하늘에 있었던 것처럼
새야 올라라.

잊는 것조차 잊어버리도록
새야 올라라.

노랑부리 보랏빛 깃털만 말고
그저
훨훨 올라라.

훨훨 오르다 오르다
날개가 툭! 꺾여 곤두박질치더라도
새야 올라라.

단 한 번만
미친 듯
날갯짓하자.

내게 있어서 수필은,

눈물 목걸이.
가슴 속 열기가 습기를 끌어안고 이슬이 된다.
모양도 가지가지.
빛깔도 가지가지.
쉬 사라지지만 소금기 품은 흔적을 남긴다.

핀셋.
조심스레 흙 속을 헤집는다.
달팽이도 있고
지렁이도 있고
레몬나무도 있다.

드디어
귀밑으로 번지는 웃음과 만난다. (2012년 '아포리즘수필'에 게재)

내 그릇

김주영의 엄마도 신경숙의 엄마도 어찌 그리 반듯한가.
인간적 허약함 속에도 이기심은 전혀 엿보기 어려운 그네들의 엄마는

그 어머니가 아니라
그 어머니를 바라보는 그네들의 가슴에서
무한히 아름답게 피어나기 때문이 아니겠는가.

도처에서 엄마를 읽는다.
노사연의 '만남'에서, 남대문시장 수입품점에 진열된 알로에 로션에서, '노원'이라는 단어에서, 열무김치에서.
애처로움과 짜증과 울적함과 미안함과 고마움과

그 모든 것들의 집합체의 바다에서 허우적거리며
관계에서 요구되는 숨막힘과 죄책감 사이를 오간다.

아마도 그러함은 그녀가 아니라
나,
60년을 함께한 나,
나의 그릇에서 비롯된 것일 터.

기억의 왜곡

박스에 넣어 보관해오고 있던 어린 시절의 앨범들을 정리했다.

이제 어른이 된 아들에게 자신보다 어렸던 엄마의 꽃다운 시절, 대학 시절의 모습을 보여주고 싶었다.

기억 - 현재

내가 기억하는 대학 시절의 패션은 미니스커트다. 온통 미니스커트를 입고 서울 거리를 활보한다. 육교를 오를 때는 책으로 엉덩이 부분을 가리고 오른다. 버스 안에서는 지금의 지하철처럼 의자가 마주보고 있으므로 다리를 꼭 붙이고 요조숙녀다.

동대문 시장에 들러 치맛감을 끊으며 '6치만 주세요!' 한다.

양장점에 가서는 차렷! 자세로 서서 손가락 끝이 닿는 선까지만의 길이로 치마를 맞춘다. 되도록 짧게, 되도록 맵시나게.

앨범 - 과거

핫팬츠, 핫미니를 입기도 했지만 사진 속의 대부분 패션은 의외다.

평범한 청바지, 정강이까지 내려온 미디스커트가 대세다.

건전 대학생이다.

어찌된 일일까 - 분석

기억은 주요한 부분, 인상적인 부분만 특별히 갈무리한다.

시간에 따라 상황에 따라 사실을 왜곡한다. 내 입맛에 맞춰 변형도 시킨다. 충격적 상황은 뇌 속에 깊게 각인되어 옅어지지 않으므로 어떤 형태로든지 결국 왜곡의 형태를 띤다. 사건의 시점이 아니라 지금의 시점에서 분석하고 기억하고픈 것만 골라 확대해석한다.

미니스커트를 입는 것이 즐거우면서도 눈치가 보였던가 보다.

이름을 불러주세요

당신은 무엇이라 불리우고 싶으십니까.

'아무개 엄마' '아무개 마누라' 혹은 '사모님'으로 삼십여 년을 살고 있는 지금, 그녀들은 이름이 불리우면 행복하다.

어쩌다 이름으로 불리우면 잠시 잠시 그녀들은 사춘기, 여대생 시절로 돌아간다.

'영순아.'

'수옥아.'

꿈 많던 시절, 친정어머니가 살아있던 시절이 이제는 먼 옛이야기가 되었지만 가슴에 남은 찬란함은 아직 선연하다. 이름으로 다시 새롭게 청년이 된다.

미니스커트를 입고 개론 책을 가슴 가득히 품는다. 독수리 다방에서 멜라니 사프카의 '새디스트 싱'을 듣는다. 오월 더운 날 남자친구와 딸기밭엘 간다.

앞날에 무엇이 펼쳐질지 전혀 생각해 본 적 없는 철부지 시간들까지 거스른다.

지금, 손등에 주름이 그득해도 햇살 따스한 잔디밭에서 어우러져 사진을 찍던 그 봄날에 다다른다.

더 늦기 전에 이름을 불러주세요.

약 속

은혼식 해에

우리 부부는
약속을 했습니다.

다시 태어나
만날 수 있거든

멀고 험한 길 에두르지 말고
힘든 시간들 지나지 말고
가슴 먹먹해 사나워지기 전에
건너려 해도 건널 수 없는 강이 놓이기 전에

아무것도 모르는 순진무구할 적에
만나
그 세상이 전부인 줄 안 채

아이 넷 낳고 살자고.

목 련

이른 봄
아직 싸늘해도
양지바른 곳에선
상아색 벨벳의 꽃잎을 봉긋이 내민다.

정갈도 잠시
곧
멍든 갈색으로
자신의 뿌리 맡에
몸을 떨군다.

우아했기에
더욱 처참하다.

그레이스 켈리를 닮고
'자유시대' 주인공으로 캐스팅되었어도
이제는
한낱 예뻤던 흔적이 있는 할머니일 뿐.
그 사실을 받아들이지 못해
몸부림친다.

중년의 전장(戰場)

친구들이 쓰러진다.

단칸방에서 신혼을 시작하고 사우디 간 남편 대신 살림을 책임지고 아이들 낳아 키우고 시부모 섬기고 자신의 일도 해가며 가정경제를 일으켜 세운 전방위 전투병인 그녀들이 쓰러진다.

치열한 삶의 현장에서 열심을 내던 그녀들이 '암'이라는 탄환에 무너진다. 슬쩍 빗맞은 경우는 다시 추스르고 원대복귀(原隊復歸)를 하지만 그렇게 하기까지도 만만치 않다. 직격탄을 맞은 경우는 갈짓자 걸음으로 비틀댄다. 병원을 드나들고 미래에 대한 불확실성으로 애를 태운다. 갖은 치료로 기력은 쇠하고 간간이 포기하고픈 마음에 시달린다. 육신의 고통으로, 여의지 못한 자식에 대한 안타까움으로, 너무도 일찍 군장(軍裝)을 꾸려 새로 명령 받은 길로 들어서야할지도 모를 당혹감에 허둥댄다.

너무 참지 말았어야 했는데, 하고픈 말은 하고 살았어야 했는데 하고 후회하지만 이제는 늦다. 반성이 필요한 사안이 아니다. '완전 초보운전' 인생은 후진이 없다. 애초에 백기어 자체가 장착되어 있지 않다.

예쁜 옷을 사 입고, 복직을 하고, 손주를 돌보며 우울의 늪에서 벗어나려 안간힘을 쓰지만 말끔히 털어낼 명약은 없다. 하루에도 열두 번씩 천당과 지옥을 오가며 진저리를 친다. 말로는 '주어지는 대로'라 하며 애써 초연하려 하지만 말뿐이다. 안간힘을 쓴다는 것 자체가 이미 '특별하다'는 의미다.

열심히 살아온 그녀들, 그냥 이 하늘 아래 어디에서 소임을 다하고 있다는 사실만으로 찬란한 그녀들이 등을 떠밀린다.

언젠가는 친구들의 전사(戰死)를 '어쩔 수 없는 일'로 받아들일 수 있을까. 무심함으로 슬픔을 달래고 지쳐 포기할 수 있을까. 오래지 않은 후에 더 좋은 곳에서 만나겠거니 자위할 수 있을까.

진행되어지는 과정 어느 시점에 내가 그 자리에 설 수도 있고 나도 언제든지 남는 자가 아니라 떠나는 자가 될 수도 있다.

굽이굽이 흘러간다. 삶의 전장에서 유탄(流彈)에 맞고 고꾸라지고 후송되고 피를 흘리고 정신을 놓는다. 누구는 병장으로, 누구는 소위로, 누구는 중령으로 제대한다.

그녀들의 현충원은 우리들의 가슴이다.

아줌마들의 선택

요즈음 한국의 아줌마들은 두 부류다.

죽으나 사나 자동차 타기를 포기하지 못하는 부류와 걷고 또 걷는 부류.

신발을 신 듯 차를 놓고는 한 발자국도 이동하지 않는 아줌마들은 골다공증, 혈액순환장애, 당뇨병 등으로 수명이 짧아질 수 있단다. 그 기간이 얼마나 되는지는 알 수 없지만 길어야 기대수명보다 일이년 덜 산다는 것일 것 같다. 더 길 것 같지는 않다.

걷는 것이 건강에 좋다면서 BMW에 목숨 거는 아줌마들은 지하철 한 두정거장 전에 내려 걷는 것은 보통이다. BMW는 버스(bus), 지하철(metro), 도보(walk)의 신종약자다.

BMW를 이용하다보니 길거리에서 파는 온갖 물건들이 눈에 뜨인다. 살림에는 자잘한 많은 물건들이 필요한 법이니 사게 된다. 들 수 있을 만큼만 사자고 다짐하지만 욕심이 나서 조금만 더 조금만 하면서 사고 또 산다. 바야흐로 어깨관절, 무릎관절이 고장난다.

절뚝거리며 몇 년 더 살 것인가 우아하게 덜 살 것인가, 그것이 문제로다.

꽃 씨

아무리 추워도, 2m씩 눈이 쌓여도 봄은 오기 마련.

오히려 봄이 가까웠다는 손짓.

겨울이 대단한 위세로 행패에 가까운 짓을 해도 때가 되면 봄에게 자리를 내어줄 수밖에.

아직 밖은 추운데도 봄이 온 것을 알고 화초들은 봄맞이를 준비한다. 새 잎을 틔우고 꽃봉오리가 머리를 내민다. 볕이 바르면 서둘러 꽃을 피우기도 한다.

우리는 꽃씨를 뿌리며 희망을 심는다.

이름 모를 꽃씨를 뿌리면서 어떤 잎이 솟을까 기대하고, 익히 알고 있는 이름의 꽃씨를 뿌리면서도 처음인 듯 새 잎을 기다린다.

내일이,

내 달이,

내년이 내 앞에 어떻게 다가설지 알지 못하지만 지금 이때 꽃씨를 뿌리며 기다림을 배운다. 희망을 가꾸고 설렘을 들여다본다.

아름다운 봄을 보내면 무성한 여름이 오고, 곧 다시 준비의 시간이 다가오지만 꽃씨를 품으니 긍정을 품을 수밖에.

설혹 내 손에서 꽃씨를 앗기는 때가 온다 해도 흔쾌히 빈손으로 겨울에 빌붙어 꽃씨를 품는다.

결 혼

바로 그때
바로 옆자리에
하필 그 사람이 있어서
맺어지는 것.
조건만으로도
필링만으로도
사랑만으로도 아닌 것.
어쩌면 선택하는 것이 아니라
선택되어지는 것.
그리고는 무던히 애쓰는 것.

혹은

오래 같이 하다보니
얽혀
되돌아서기에는
이미 늦고
결단도 어려워
운명이려니 받아들이지만
자꾸 뒤돌아보는 것.

웨딩드레스를 벗으면 관념의 문은 등 뒤에서 요란한 소리를 내며 닫히고 다시는 열리지 않는다.

차 이

이십대 손자와 팔십대 할머니가 논쟁 중이다.
유난스럽던 여름 날씨가 갑자기 돌변한 것에 대해서다.

손자는 자연의 힘이라 하고,
할머니는 신의 섭리라 한다.

신세대와 쉰세대의 시각차이인가 우주관의 차이인가.
시각차이가 곧 우주관의 차이인가.

(2011년 서초수필회 동인지 '아름다운 진화'에 게재)

녹아있다

아기의 입 속에 엄마의 사랑이 녹아있고
비에 구름이 녹아있다.
여름에 겨울이 녹아있고
웃음에 아픔이 녹아있다.

현재에 과거가 녹아있고
아들에게 내가 녹아있다.

손끝에
목소리에
마음이 녹아있고
서가에

사람이 녹아있다.

감추려 해도
침묵해도
아무리 '예의'로 포장해도
됨됨이는
냄새처럼 비어져 나와
곳곳에 여러 모양새로 녹아있다.

말할 때

사랑은 무한한 무게로, 모호한 경계로 존재한다.

사랑이란 이름으로 행해진 많은 일들이 잔인할 수도 위험할 수도 있다. 충만할 수도 새털처럼 가벼울 수도 있다. '사랑'이란 개념을 정의하는데 필요한 너무나도 다양한 의미와 행위들이 수반되기 때문이다.

누군가를 사랑한다고 말하기 전,
그를 잃을지도 모른다는 생각만으로도
가슴 밑바닥에서부터 울리는 진동과 목으로 울컥 서러움이 넘어오며
자신도 모르게 눈물이 흐르면
그때서야 '사랑한다' 말하라.

어느 누군가를 생각해도
언제나 눈물이 솟는다면
당신은
사랑이 많은 사람,
사랑이 헤픈 사람이다.
책임질 수 없다면 '사랑한다' 말하지 마라.

자기 자신 외에는
누구를 생각해도 눈물이 고여 본 적이 없다면
당신은 병든 사람이다.

어느 누구를 생각해도
눈이 젖지 않는다면
당신은 인간이 아니다.
괴물이다.

사태를 무마하기 위해,
상대를 회유하기 위해,
혹은 확신이 서지 않을 때는 '사랑한다' 말하지 마라.
아직 때가 아니다.

우울증

뱃속 저 깊은 곳에서
바이러스처럼 똬리를 틀고
기회를 노리다가
빌미가 생기면
기다렸다는 듯이
기세등등하여
뇌를 휘젓는다.

프로작*만으로는 다스리기 어려운,
지난 시간의 서글픈 영상과 아픈 감각이 지배하는
깊은 우물.

*프로작(prozac) 항우울제

보너스

아무리 힘든 삶에도 간간이 모든 고통을 잊을 수 있을 만큼 행복한 순간들은 있기 마련이다.

잔잔한 즐거움들이 예고도 없이 순간을 빛낸다.

여름 낮의 작은 얼음덩어리처럼 곧 사라질 즐거움이라 하더라도 입가에 웃음을 번지게 하고 가슴을 따스하게 한다. 순간, 살만 하다고 여기게 한다.

삶에서 즐거움은 보편적 가치가 아니다.

즐거움은 삶에서 얻는 보너스다. 즐거움이 보편적인 가치이며 고통이 간간이 오는 아픔이 아니라, 고통이 삶 그 자체이며 즐거움이 보너스다. 많은 즐거운 일은 특별 보너스다.

온 가족이 단칸방에서 사는데도 대학에 붙은 딸을 보며 기특하지만 학자금 마련에 걱정이 생기고, 장애자 아들이 자식을 낳으면 장하면서도 두렵다.

즐거움과 고통이 뒤엉켜있다.

흐르는 고통의 강물 속에 간간이 즐거움이라는 진주가 박혀있다.

남부러울 것 없이 사는 사람들에게는 즐거움뿐일까.

우리나라 최고의 재벌도 자식을 잃고, 최고의 지성도 정신질환자 딸을 가진다. 인기 절정의 배우가 자살을 하고, 건강하던 이가 사고를 당한다.

똥물지옥에서 천년에 몇 분씩 머리를 공기 중에 내밀고 맑은 숨을 들이쉬다가 염라대왕이 '천년 잠수!' 하면 다시 천년의 긴 시간을 똥물에 머리를 처박듯이, 즐거움은 가끔씩 쉬는 평안한 숨일 뿐이다.

삶의 얼마만한 분량이 고통이고 즐거움인지는 상당히 개별적이지만 우리의 삶에 끈덕지게 깔려있는 고통은 도도하기만 하다.

즐거움은 당연히 받는 봉급이 아니다.

삶에서 즐거움이 보너스라는 것을 믿으면 특별보너스가 늘어난다.

즐거움은 시혜(施惠)다.

죄 악

사나운 사람만 배알이 있나, 고운 사람도 배알이 있다.
배알은 누구에게나 있다.

곱다고 너무 쉽게 대하지 마라.
가슴에 피멍이 든다.
남의 가슴에 피멍 들게 하는 것은 죄악이다.
독한 말 화살을 쏘면 그 화살이 종국에는 내게 박히는 법이다.
말 화살은 부메랑이다.

자기는 뒤 끝없이 솔직한 사람이라면서 할 말 안 할 말 퍼붓고 헤죽이 웃으며 시원해하는 것은 죄악이다.
미련한 척 남의 오장 뒤집는 것은 더욱 죄악이다.

통(通)

지나친 순수는
어리석음과 통하고
지나친 겸손은
교활함과 통한다.

지나친 교양은
배타성과 통하고
지나친 솔직함은
잔인성과 통한다.

지나친 과묵은
타산성과 통하고

지나친 성실은
집착과 통한다.

조화를 이루는가
끝자락에서 재주를 부리는가에 따라,
기술로서 보는가
철학으로서 견지하는가에 따라

사람이 달라진다.
쿼크*의 차이이다.

*쿼크(quark) 렙톤과 함께 물질을 구성하는 가장 기본적인 입자

개소리

사는 집이 이른바 '주상복합'으로 상가지역 주택이다.

비를 맞지 않고 건물 내에서 장을 보고 저녁을 먹고 차를 마시고 병원엘 갈 수 있다. 8차선 도로가 동서남북으로 달리고 지하철 2개 노선의 역사가 아파트 밑이다. 버스는 중앙차선으로 달리고 시내버스, 광역버스, 마을버스, 대학통학버스 게다가 주말에는 관광버스까지 집 앞에서 서고 기다리고 달린다.

주변에는 음식점이 종류별로, 가격대별로 있고 찻집은 한 집 걸러 있다. 미용실, 피부과, 성형외과, 각종 은행들, 증권사들이 줄지어 어깨를 나란히 하고 있다. 간혹은 여자가 노출이 심한 옷을 입고 검붉은 조명 아래 앉아 손님을 기다리며 화투를 치고 있는 것이 창으로 보이는 술집도 있다. 구경만 해도 좋다는 성인용품점도 코앞이다.

가까이 있는 나무라고는 아파트 단지에 조경해 놓은 것, 동쪽 높은 빌딩 위에 있는 하늘정원의 앙상한 나무 몇 그루가 전부다. 바람이 부는 날인지 알려면 주변 음식점들에 내걸린 현수막의 춤추는 양상을 살펴야한다. 나뭇가지들이 스치며 내는 파도소리는 언감생심이다.

남쪽 창으로 보이는 건너 야트막한 빌딩 옥상에 하얀 진돗개 두 마리가 산다. 하나는 어미 같고 다른 하나는 조금 작은 게 새끼 같다. 개들은 넓은 옥상을 서성이고 지붕 턱에 앉아 아래 길거리를 굽어본다. 옥상을 벗어날 일은 없어 보이지만, 옥상이 걔들 세계의 전부지만 묶여있지 않아 자유스럽다.

가끔 '컹컹' 짓는데 소리가 근사하다. 목소리 울림이 좋다. 커다란 개의 위엄이 묻어있다. 그 빌딩 주변은 높은 건물이 없어 울림이 널리 퍼진다. 덩치가 큰 개에게서 나옴직한 소리로, 쓸데없이 깽깽거리는 신경질적인 소리가 아니라 가끔 한 번씩 존재를 알리는 통 큰 소리다.

울림 좋은 개소리는 고향집 마루에 누워 오수를 즐기는 그런 나른한 시간으로 이끈다.

앙상한 도회적 풍경 속의 작은 위안이다.

수줍은 청년

청년은 대단한 미남은 아니지만 보기 싫게 생기지 않았고 체격도 나쁘지 않고 학벌도 웬만하다.

지나치게 수줍음을 타서 여자를 사귀지 못하는 게 문제다. 소개팅에서 성공한 적이 없을 뿐 아니라 실패가 거듭될수록 소개팅조차 나가려 들지 못한다.

눈을 내리깔고 손가락을 만지작거리는 남자를 좋아할 여자가 어디 있는가.

그러다보니 자신감은 점점 꼬리를 감추고 의기소침한 모양새가 매력 꽝이다.

고민 끝에 정신과 의사를 만났다.

상담 중, 기억 속에 깊이 묻혀있던 놀라운 사건을 발견했다.

초등학교 입학 전 엄마를 따라 엄마 친구네로 놀러간 소년은 심심했다. 엄마들은 수다 꽃을 피우는데 친구 없는 소년은 혼자 주인 집 아들 책상 앞에 앉아 서랍을 열었다 닫았다 하며 심심함을 달래고 있었다. 별 뜻 없이 이것저것을 뒤적였다. 뒤적이면서도 남의 집에 가서 서랍을 열어보면 안 된다고 엄마가 그랬는데… 하며 마음 한 켠이 불편했다.

서랍을 앞으로 당겼는데 쑥 앞으로 빠지면서 뭔가가 데구르르~ 굴렀다. '그것'을 보는 순간 소년은 기겁을 하며 서랍을 닫았다.

손이 떨리고 가슴이 벌렁대며 호되게 야단을 맞은 것 같았다. 엄마 말을 듣지 않아 그렇다고 자책했다. 호흡이 거칠어지고 공포가 밀려왔다.

'그것'은 책상 주인의 의안(義眼)이었다.

느닷없이 의안이 굴러 나와 서랍 속에서 소년을 빤히 쳐다본 것이다.

소년은 떳떳치 못한 행동을 들킨 것이다.

그 후 소년은 매사에 지나치게 조심하며 세상 눈치를 보게 되었다. 누구와도 눈을 마주치는 일을 꺼렸다. 항상 겁에 질려 누군가가 자신을 비난할 것 같은 위협에 시달렸다.

놀라울 만큼 우연한 사건이 소년의 무의식 속에 자리해 오랜 시간동안 소년을 지배하게 되었다.

실체가 아님에도 실체로 인식이 되면 그것은 실체다.

효 자

옛날 어느 마을에 효자가 살았다.

어찌나 극진히 아버지를 모시는지 먼 마을까지 소문이 자자했다.

먼 마을에 사는 어느 청년이 궁금도 하고 자신도 아버지에게서 효자소리도 듣고 싶어 몰래 엿보았다.

밤이 되니 효자아들은 아버지 잠자리를 펴고 들어가 누웠다. 한참 뒤 방으로 아버지가 들어오자 아들은 자리에서 나왔다. 아버지는 자리가 따뜻해 좋다며 쾌히 잠을 청했다.

청년은 효자되기 쉽다고 여겼다. 본 대로 했다.

아버지 이부자리에 들어가 누워있는데, 방으로 들어온 아버지는 불같이 화를 냈다. 버르장머리 없는 불효막심한 놈이라고 아들을 나무랐다.

무엇이 다른가 한 번 살펴보자.

아들의 행동을 해석하는 아버지의 자질이 다르지만 평상시 아들이 어떠한 태도를 보였는지도 모를 일이다.

무엇인가가 이루어지려면 받는 사람이나 주는 사람의 마음이 통해야 결실을 맺는 법이다.

아무리 커도 똥일 수 있고 아무리 작아도 금일 수 있다.

스티브 잡스가 죽은 지 일년이 되었대

우와, 그 유별난 남자가 죽었다고 하기에 한 시대를 뒤흔든 사람이 사라진 것을 눈여겨본 것이 엊그제인 듯한데 벌써 일년이 되었다고 신문은 전하네.

시간이 쏜살같다더니 그 정도가 아니라 그냥 숨 한 번 훅! 내쉬는 것과 같구나.

남의 일이라 무심해서 그럴까.

나이 따라 시간에 가속도가 붙는다더니 내가 늙어 그런가.

세상이 너무 빠르게 돌아가며 곰곰 생각할 사이 없이 내몰리는 탓인가.

행여 너무 많은 것들을 미처 처리하지 못하고 쓰레기처럼 쌓아둔 채 허둥지둥 길을 나서게 될까봐 두렵다.

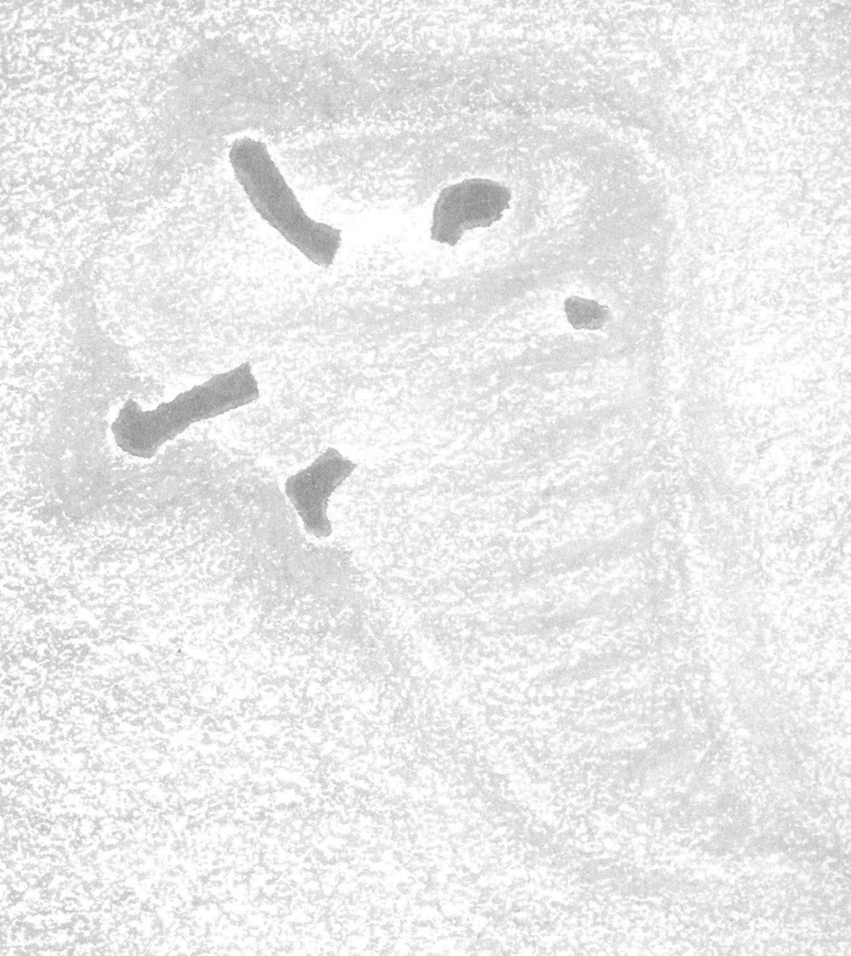

사람
1990. 9
기정

훠어~이 훠어~이

잊으시오.
이 땅에서도 잊을 수 있으면 잊으리다.

어깨에서 내려앉아
사뿐 '레테의 강'을 건너시오.
휘프노스의 동굴을 지나 하데스 앞 레테의 걸상에 앉으시오.
엉덩이를 흔들어 마냥 즐겁다는 시늉도 해 주시오.
멀리서 믿기라도 하게.

나도 하얀 손수건을 흔들겠소.
잘 가시오.

젖은 가을, 상선에게

오늘 또 비가 오는구나. 올해의 유난히 고운 가을 잎들이 고급 페르시안 카펫처럼 길에 깔렸다. 빗물에 젖은 낙엽 카펫을 밟으며 너와 런던을 떠올린다.

네게 마지막 갔다 온 것이 꼭 2년 전이로구나. 네가 떠난 지는 1년 반이고.

지금처럼 늦가을이었지.

너희 집에서 우리가 묵던 로우보우트 호텔로 가는 숲이 늘 오늘처럼 촉촉했고 발이 푹푹 빠지도록 낙엽이 쌓여있었지. 런던답게 비가 때때로 질금거렸고 숲길 운하가 물길인 것을 알기 어렵도록 낙엽들에 덮여 있었다.

10년 가까이 우리가 매달 모은 돈이 너와 스코틀랜드를 여행하는 대신 네게 한국음식을 먹이러 가는데 쓰이게 될지는 몰랐다. 도날드의 이메일을 받고 부랴부랴 런던행 비행기에 올랐지. 옷가지 약간은 배낭에 담아 매고 수트케이스에는 온통 된장, 고추장, 온갖 짱아지류, 김을 넣고. 행여 공항에서 걸릴까봐 네 어머니가 챙겨주신 칠곡 잡곡은 집에 놓고도 짐은 20킬로그램을 아슬아슬 넘겼다.

비행기에서 우린 희망을 말하지 못했다. 온통 무의미한 후회뿐이었다.

네가 똑똑하지 않아 장학금을 받지 않았다면 영국으로 공부를 가지도 않았을 테고, 기숙사에서 도날드를 만나지도 않았을 테고, 런던댁(宅)이 되지도 않았을 텐데. 그랬다면 갓 쉰에 암에 걸릴 일도 없었을지 모르고 설혹 걸렸다 해도 한국식의 신속한 치료를 받아 단지 유방 한 쪽에 조형물을 넣은 서울댁으로 살 수 있었을지도 모를 텐데 하면서. 아니면 아예 유방암 같은 것에는 걸리지도 않았을 텐데 하면서.

네 결혼을 그토록 반대하신 네 어머니가 예견하신 걸까.

단지 살림밑천인 큰 딸을 멀리 떠나보내는 것이 싫으셨던 걸까, 그 시절 국제결혼에 대한 좋지 않은 인식이 부담스러우셨던 걸까, 국제결혼의 외로움을 이미 아셨던 걸까. 두루 그러셨던 거겠지.

설혹 많은 것들을 예상했다고 한들 이십대 젊은 날 그 누가 사랑을 마다할 수 있었겠니.

너는 도날드보다 더 나은 한국남자를 만날 수 있을 것 같지 않다고 했고, 학이 수놓인 하얀 한복 한 벌 넣고 영국으로 향했다.

그 후 네가 영원으로 떠날 때까지 30년 동안 우린 고작 열 번이나 만났을까. 그래도 우린 언제나 어제 만난 것처럼 수다를 떨었고, 거짓말처럼 시간의 흐름을 느낄 수 없었지.

마지막을 준비하느라 네 곁에 머물렀던 일주일 동안 우린 결코 슬퍼하지 않았다. 영원히 지속될 것처럼 우린 수다를 떨었다.

의사의 스테로이드 처방으로 넌 달덩이처럼 부풀어 있었고, 아침을 먹고는 쉬고 점심을 먹고는 또 쉬고 저녁을 먹고는 잠드는 네 생활은 제한적이었지만 우린 틈틈이 많은 것들을 추억하고 즐거워했다.

라벤다가 내다보이는 너희 집 부엌을 된장찌개, 김치전 냄새로 진동시키면서 네게 한국을 맛보게 하려 애썼지. 우린 네게 죽을 먹이고 닭을 고아 먹이면 네가 툴툴 털고 일어날 수 있을 것처럼 간절했다.

네가 먹고플 때 먹으라면서 가지고 갔던 한국음식들을 냉장고에 우겨 넣으며 우리는 그것이 부질없는 짓이라는 것을 잘 알았단다. 누가 그것들을 요리해줄 수 있겠니. 넌 이미 그것들을 요리해 네 입맛을 살리기에는 에너지가 바닥이 났고 도날드는 할 줄 모르는 것을.

우리가 네 집에서 떠나던 날, 넌 감기에 걸려 문 밖을 나설 수 없었고 마지막이 될 그 안녕을 어떻게 마무리해야하는지 몰라 '조심해라, 조심해라' 하는 말만 반복했다.

런던 공항에서 도날드는 출국수속을 하기 위해 줄을 선 우리 곁을 서성였다. 이미 여러 차례 포옹인사를 했음에도, '기정, 넌 우리 가족이야'라고 말했음에도.

그 겨울이 지나고 봄이 한창 아름다울 때 네가 떠났다는 소식을 전해 듣고 베란다에 주저앉아 펑펑 울었다. 시간의 문제일 뿐 그다지 예측하지 못한 일이 아닌데도 난 펑펑 울었다. 그냥 억울했다. 주변에서는 지난 가을에 널 보러 갔었고 네게 한국음식들을 먹였기에 후회가 없을 것이라고 위안했지만 그리움까지 두고 오지는 못했던가 보다.

네가 떠나고 6개월 후 몹시 춥고 바람이 세차게 불던 날 네 어머니가 널 만나러 가셨다. 그렇게 너와의 인연이 하나둘 옅어지는구나.

도날드에게도 이제 이메일을 하지 않으려한다. 그도 새 삶을 시작해야하지 않겠니.

그래도 언제 기회가 되면 늦가을 템즈 강가를 거닐고 싶다. 젖은 가을의 젖은 잎새들을 벗 삼아 내 귀에 대고 내 가슴에 대고 널 이야기하고프다. 그러다보면 살만 남은 잎새처럼 네가 화석이 되겠지. (2009년 제1회 한성백제백일장 금상 수상)

플라스틱 슬리퍼

1966년 10월 31일, 시월의 마지막 날, 미국 대통령 린든 B. 존슨이 한국을 방문했다.

대대적인 환영식이 준비되고 시민들은 길가에 나와 태극기를 흔들었다. 환영식을 위해 전국 대학생 합창단이 구성되었고 사열에 의장대 병사들이 대거 동원되었다.

정화는 합창단원이었다.

윤수는 해병대 의장대로 참여했다.

연습과 행사 중 피아노 전공의 감성적인 정화와 건장하고 진지한 윤수는 서로 끌렸다. 누가 먼저랄 것도 없었다.

행사 후 수고한 젊은이들을 위한 뒤풀이가 있었고 이는 결정적으로 그들의 운명에 불씨를 붙였다. 미국 대통령이 중매쟁이인 셈이다.

대학생이던 정화와 군복무 중이던 윤수의 데이트는 여러 장소에서 여러 형태로 이루어졌다.

정화가 임신을 했다.

정화는 대학생이고 윤수는 병장조차 달지 않았으니 그 길이 순탄해 보이지 않는다.

정화는 어머니에게 친정집에서 살게 해달라고 간청을 했지만 어머니는 딸을 내쫓았다. 언니가 아직 미혼이라는 것과 남부끄럽다는 것이 이유다.

정화는 나날이 늘어나는 허리를 가지고 윤수 집으로 들어갔다. 다른 대안이 없었다. 윤수 형님과 형수님, 조카들이 있는 집으로 가 문간방 차지를 했다. 눈엣가시였다. 스스로도 눈치꾸러기를 자처했다.

정화는 뒤늦게 피아노도 학교도 사치라는 것을 알았다. 그것들이 특별할 것 없던 그때가 인생 최고의 시간들이었다는 것을 알았다.

넉넉한 집 둘째 딸로 천방지축 살았다. 지금은 먹고 싶은 것을 먹을 수도 없다. 몸도 마음도 허기가 졌다. 주눅 들어 사는 생활은 지옥 그 자체다. 처녀가 임신을 해 시집에 얹혀산다는 것도, 밥벌이 못하는 신랑이 사람대접 받지 못하는 것도 견디기 어렵다. 그나마 의지가 될 신랑은 군부대에 있고 어디에도 내편이 없으니 방에 틀어박혀 우는 것이 일이다. 방에 있어도 밖에 있어도 바늘방석이다.

윤수 역시 정화에게도 형님 내외에게도 면목이 없고 미안해 좌불안석이다. 할 수 있는 게 아무것도 없다. 피할 수도 발을 담글 수도 없다.

아기가 태어났다.

상황은 더욱 나빠졌다.

윤수는 제대를 했지만 밥벌이해 처자식을 먹여 살릴 길은 요원했다. 형님에게 학비도 대고 먹여 살리기도 해달라고 할 수는 없었다. 대학을 그만 두었다. 그래도 나아질 것은 없었다. 나날이 말수가 적어졌다. 아내에게도 자식에게도 살갑게 할 수 없다. 자기 하나 지탱하는 것도 힘들었다. 벗어나보려고 허우적대는 일에서도 서서히 힘이 빠졌다.

아이가 커가며 정화가 조금씩 이상해졌다. 주변에서는 실성(失性)했다고 했다. 자신에게 주어진 현실을 견뎌내지 못해 넋을 놓아버린 것이다. 현실을 잊는 것이 사는 길이었다.

친정어머니는 딸을 정신병원에 입원시켰다.

정화가 사망하기까지 십여 년, 어머니는 홀로 병문안을 다녔다. 자신의 업보라고 여겼고 자녀들 누구에게도 그 짐을 거들어 달라고 하지 않았다.

딸이 죽었을 때 다행이라고 했다. 자신이 치다꺼리를 하고 죽을 수 있어서 천만다행이라고 했다. 당신이 사망할 때까지 정화를 그때 내쫓지 않고 거두었으면 그런 일은 없었을 거라며 후회했다. 독하게 살아낼 줄 알았는데 섬세하고 여린 딸이 그것을 해내지 못한 것이 불쌍하고, 그런 모진 결정을 한 자신이 미웠다.

정화가 죽고 모든 것이 원래대로 돌아온 것 같았다.

대구 큰 집에 남아있는 정화의 아들에 대해서도 잊으려 했다. 어쩔 수 없는 일이라고 애써 외면했다. 젊은이들의 폭풍처럼 휘몰아쳤던 사랑의 열병도, 그로 인한 가족들의 아픈 기억도 묻었다. 잔인한 시간들을 진공 포장해 다시는 꺼내지 않을 요량으로 타임캡슐에 넣어버렸다. 없던 일로 여겼다.

오랜 시간이 지난 어느 날 윤수가 장모께 들렀다.

완전 거지꼴을 하고 윤수가 왔다. 한눈에도 술로 온 세월을 보낸 흔적이 역력했다. 어디서 어떻게 떠돌다가 왔는지 말하지 않았다. 묻지도 않았다. 뭔가를 기억해내고 옛 처가에 들른 것이 기적이었다.

겨우 아물려는 상처를 칼로 헤집는 것 같은 아픔들이 쓰나미처럼 정화네 가족을 덮쳤다. 예고도 예감도 없었다. 그냥 한순간에 일이 닥쳤다.

윤수는 그 아픔과 그 후회와 그 서러움과 그 고통에서 아직도 버둥거리고 있는 듯했다. 어디까지가 현실이고 어디까지가 기억인지 구분을 하지 못했다.

정화가 이미 죽었다고 말하는 장모의 말을 자기와 딸을 떼어놓으려는 것이라고 받아들였다. 정화가 어머니 손에 끌려 자신의 곁을 떠났다는 것 밖에 기억하는 것이 없었다.

한 번만 보게 해달라고, 한 번만 만나게 해주면 다시는 찾아오지 않겠노라고 울며 매달렸다. 끝내 아내를 만나게 해주지 않는 장모에게 윤수는 신문지에 둘둘 만 플라스틱 슬리퍼를 옷섶에서 꺼내 조심스레 내밀었다. 정화를 보여주지 않아도 좋으니 이것만은 건네 달라고, 이게 마지막 일 테니 꼭 전해달라고 했다. 미안하다고 하더라고 말해달라고 했다. 그리고 정말 미안하다고 했다.

그 후 윤수 소식은 모른다.

정화네 집에서도, 대구 윤수네 집에서도 알지 못한다.

그렇게 한때의 사랑으로 그들은 스러져갔다.

(2011년 현대수필 봄호 신인상 수상/ 등단)

망부가(忘夫歌)

1950년 8월, 아들 하나 있는 새댁들이 남편들을 여의었다.

남편들이 북으로 끌려갔다. 초등학교 운동장에 동원령을 내려 한꺼번에 트럭에 싣거나 가족이 보는 앞에서 꽁꽁 묶어 짐승처럼 몰고 갔다. 그 시절 그런 일은 흔하디흔한 일이었다. 특별한 화제도 아니었다. 집집마다 과부가 넘쳤다. 홀로 된 여인 중에는 아이 서넛이 있는 경우도, 먹고 살 아무런 대책 없는 경우도 다반사였다.

A부인은 청상이 되어 호된 시부모 밑에서 아들을 키웠다.

신식 며느리가 개가를 할까 두려운 시부모는 더욱 엄격히 했다. 가세가 넉넉한 것도 한 몫을 했다. 밥걱정할 일 없는 자산가 집에서 홀로 되어 지내는 며느리는 슬픔이기도 하지만 자랑이기도 했다. 아들은 없어도 훌륭하게 손자 잘 키우는 며느리가 위안이었다.

어린 며느리도 다른 선택을 할 요량이 없었다. 생각도 못해봤다. 친정에서 그렇게 배우기도 했고 당시 우리의 정서 또한 그러했다.

B부인은 청상이 되었지만 친정부모와 가깝게 살며 의지할 수 있었다.

친정어머니가 아들을 키워주어 딸은 직장생활을 계속할 수 있었다. 친정부모는 딸의 안위가 가장 큰 관심이었다. 딸이 어린 나이에 아들 하나 데리고 혼자되었으니 큰 근심거리였다.

똑똑한 딸은 아들이 중학생 때 같은 직장의 동료와 결혼했다.

그 시절의 풍습으로 보면 파격이다.

A부인은 아들 키우는 것이 큰 낙이었고 삶의 전부였다. 다른 것을 생각할 여유도 없었고 생각만으로도 부정한 여인이 되는 듯 싶었다.

헤어진 남편에 대한 사랑을 고이 간직하는 것 역시 삶이었다. 버팀목이었고 마지막 보루였다.

남편에 대한 사랑은 오래된 자기(瓷器)를 매일 어루만져 더욱 빛을 고르듯이 나날이 미화되었다. 바랜 사진도 추억도 매일 꺼내 보았다. 갈피갈피 구석구석 상기할 이야기가 없나 살폈다.

그래야 자신의 운명을 받아들일 이유가 되니까. 그래야 60년을 넘게 자식 하나 바라고 살아온 이유가 되니까. 그래야 흐트러지지 않고 가지런하게 산 이유가 되니까.

B부인은 잃은 남편을 지워야했다.

새로운 결혼에서 자식을 얻어 사는 것이 전부여야 했다. 자신이 과부였던 적이 없어야 했다. 다 잊어야했다.

항상 남들이 손가락질하는 것 같은 부끄러움이 있었고 그것이 지울 수 있는 것이라면 말끔히 지우고 싶었다.

어린 시절 연애로 결혼한 것도 자신의 어리석음으로 비쳐졌다.

여읜 남편과의 추억은 싸움뿐이었다. 싸움뿐이라고 해야 한다. 그 결혼은 무가치한 것이어야 한다.

그래야 새 삶을 시작한 이유가 되니까. 그래야 죄의식 같은 것에 틈을 주지 않을 수 있으니까.

거의 같은 시기에 거의 같은 상황에 던져진 여인들이지만 그 후 어떤 선택이 가능했는지에 따라 망부가의 양상이 다르다.

처연하도록 목이 터져라 부르는 망부가(望夫歌)가 있고, 뿌리부터 잊고 싶은 망부가(亡夫歌)가 있다.

(2011년 현대수필 가을호 게재)

도미노

1952년 그녀는 상고를 졸업하고 제분회사 경리사원으로 일하고 있던 그와 결혼했다. 솜씨 야무진 그녀는 알뜰살뜰 살림을 했고 자식도 낳았다.

전쟁이 끝났다.

사고가 났다.

욕심을 낸 그가 공금을 횡령했다. 이리저리 쫓겨 다녔다. 그 일을 계기로 그는 평생 실업자로 살았다. 어떤 직장에서도 그를 신뢰하지 않았다. 그녀의 윤기 흐르던 살림도 허물어져 내렸다. 먹고 살기 위해 그녀는 공장에 취직했다. 그즈음 공장 규모란 여자들의 손에 움직이는 가내공업 수준이고 근로조건이랄 것도 없는 상황이었다. 노동의 강도는 세고 봉급은 형편없었다.

그는 종일 독을 품고 집에서 그녀를 기다렸다. 시간을 맞추지 못해 연탄불이 꺼져도 가는 법이 없었다. 추운데서 서방을 고생시켰다고 그녀를 들볶는 게 목적이다. 날이 갈수록 아내에 대한 열등감과 자신에 대한 분노가 커졌다. 아내를 의심하기 시작했고 때리기 시작했다. 일에 지친 아내를 성폭행도 했다. 저항하는 아내가 자기를 무시하는 것이라고 이해했다.

자식들은 진저리를 쳤다. 가난도, 매일 벌어지는 악다구니도 지겨웠다. 자식 넷이 아래로 갈수록 학력이 낮아졌다. 맞는 어머니를 보며 절망했다. 아버지를 보며 복수의 때를 기다렸다. 학교도 그만두고, 돈을 벌기 위해 뿔뿔이 흩어졌다.

집에는 그녀와 그가 남았다. 변한 건 없었다. 그의 술타령과 구타와 해악은 쓰러져가는 집을 뱀처럼 휘감았고 그녀의 절망과 정신적 육체적인 고통은 끝간 곳을 몰랐다. 그녀는 도망갈 엄두도 내지 못했다. 워낙 조용한 성품 탓도 있을 테지만 돌아갈 곳이 없었다. 가끔씩 들르는 자식들에 대한 미련도 있었다.

달라진 것은 공장에서의 그녀 지위였다. 이것은 그녀의 평안함에 기여할 조건이 되지 못했다. 귀가 시간은 더 늦어졌고 그의 분노는 극에 달했다. 집에 들어서자마자 부엌으로 직행하는 그녀에게 달려들어 개 패듯 하는 것은 일상이 되었다.

갑상선항진증을 앓고 있던 그녀는 병원에 한 번 가보지도 못하고 야근하고 돌아온 어느 겨울날 그에게 맞아죽었다.

그녀가 죽은 뒤 딸이 그를 맡았다. 초등학교를 졸업한 딸이 공장에서 벌어오는 돈은 그의 술값으로 치러졌다. 돈을 내놓지 않는 딸을 때려 애꾸를 만들었다.

아내가 죽은 뒤 일 년 만에 그도 죽었다.

그녀의 어머니는 사위가 죽자 '부부가 일 년 내 같이 죽으면 천생연분이라는데 그놈이 내 딸과 천생연분이란 말이냐'고 통곡했다.

그녀가 죽었을 때 그녀의 큰아들은 스물네 살이었다.

껄렁껄렁 다니던 고등학교를 졸업하고 종로의 한 다방에서 DJ를 하고 있었다. 노래에 취하고 DJ라는 직업에 취했다. 팬레터를 뮤직박스 안으로 밀어 넣는 여고생, 여대생들이 있어 자신의 처지와 희망 없는 미래를 잊을 수 있었다. 현실을 탈피하기 위한 구체적인 노력은 하지 않았다. 취한 듯 시간을 흘려보냈다.

매일 그를 찾아오는 여고생이 있었다.

귀티나게 생긴 그녀는 다방의 한구석에서 그의 일이 끝나기를 기다리곤 했다. 그녀는 큰 어려움 없는 집안의 외동딸로 자신이 원하기만 하면 공부도 할 수 있고 기술도 배울 수 있었다. 그러나 그런 것에 시큰둥했다.

그와 데이트를 하기 시작했다. 그의 오토바이 뒤에 매달려 늦은 밤 한산한 길을 달리는 것이 좋았다. 임신이 되었다. 그녀의 오빠들이 그녀의 머리카락을 깎아 집안에 가두었지만 결국 가출했다. 그의 자취방에서 살림을 시작했다.

가정을 이룰 마음도 능력도 없이 덜컥 아이 아빠가 된 그는 밖으로 돌았다. 그녀는 악을 쓰며 대들었다.

당시 다방 DJ라는 직업은 화려해보이지만 수입에서도 전망에서도 속빈 강정과 같았다. 연줄도 없고 학력도 시원찮은 그는 종로에서 미아리로, 미아리에서 이천으로 밀려났다. 겨우 유지하고 있던 삶이 벼랑 끝으로 내몰렸다. 자포자기에 빠져 술과 여자들과 노는 일에 매진했다. 자신의 아버지가 어머니를 때리는 것을 보며 '죽일 놈!'이라고 이를 갈던 그가 어느덧 아내 구타자가 되었다. 그녀가 어머니와 다른 것은 죽기 살기로 대든다는 것이었다. 가끔씩은 대드는 아내가 겁이 나기도 했다. 아내의 오빠들이 가만두지 않겠다고 으르렁거리는 것도 마음 편치 않았다.

자식은 둘이 되었다. 그녀가 친정으로 피신하는 일이 잦아지고 기간도 길어졌다.

아내에 대한 분노, 자신에 대한 경멸, 부모에 대한 원망이 그의 일상을 휘저었다. 가정이라는 테두리에 갇힌 자신을 가누기가 어려웠다.

아내와 몹시 싸운 어느 날, 겁에 질린 아내가 아이들을 업고 걸리며 친정으로 도망한 그날, 그는 목 매 자살했다. 끝이 보이지 않는 절망의 터널을 그렇게 마무리했다.

그녀는 울었다. 죄책감에, 허망함에, 그의 손아귀에서 벗어났음에 울었다. 그리고 살아갈 것이 두려웠다. 오빠들은 그녀에게 아직 너무도 젊으니 깨끗이 잊고 새 삶을 살아야한다고 했다. 아이 둘은 버리라고 했다. 그녀는 그럴 수 없다고 버텼지만 혼자 키울 자신도 없었다. 오빠들은 아이들이 크면 엄마가 아빠를 죽였다고 여겨 그녀에게 복수할 것이라고 위협했다.

아이들은 돌아갈 친가도, 받아줄 외가도 없었다.

아이들은 미국으로 입양되었다. 그녀는 엄마로서의 마지막 호의로 입양기관 담당자에게 두 아이를 헤어지지 않도록 해달라고 애원했다. 다행히 아이들은 같은 집으로 입양되었다. 그녀에게 위로가 된 것은 아이들이 좋은 가정으로 입양되었다는 것이었다. 먹는 것도 마음대로 먹을 수 있고 공부도 실컷 할 수 있을 것이라고 스스로를 위안했다.

더 이상 아이들의 소식을 듣지는 못했지만 역사는 지금도 지속되고 있으리라.

한 사람이 얼마나 성실한 태도로 삶을 직면하는가 하는 문제가 그 사람에게뿐 아니라 가족들의 삶 전체에 공간적으로 시간적으로 영향을 미친다. 일가(一家)가 무너지는 데는 오랜 시간이 필요하지 않다. 그러나 곤두박질친 일가를 일으켜 세우는 데에는 피나는 인내와 노력으로 매순간을 채우는 영웅적 삶이 요구된다.

이미 이 세상을 떠난 조상이 내 삶을 조종하며, 미처 이 세상에 오지 않은 내 후손을 내가 지배한다.

내가 후손이 없이 죽지 않으면 내 역사는 쉽사리 끝나지 않는다.

운명이 있는 걸까

주택에 살 때 친하게 지내던 옆집 이야기다.

대문이 붙어있고 아이들 나이가 비슷해 낮에는 양쪽 집 대문을 항상 개방해놓고 드나들었다.

아빠는 판사인데 학자풍의 사람이었다. 과묵하지만 차갑지 않았다. 집안의 장남이고 긍지였다.

엄마는 아나운서 출신으로 고운 사람이었다. 솔직하고 상냥했다. 우리는 저녁식사 준비 전 어정쩡한 시간에 수다를 떨곤 했다. 딸만 셋이어서 매일 시아버지가 아들 낳지 않으면 재산을 줄 수 없다고 한다며 자기가 또 아이를 가져도 흉보지 말라했다.

그 집 딸애들과 내 아들은 남매처럼 어울렸다.

큰 딸내미는 아들보다 한 살 위였는데 놀러와도 한구석에 앉아 숨소리도 없이 책을 읽었다. 말수가 적고 성숙한 아이였다.

둘째는 아들보다 한 살 적었는데 토끼같이 귀여운 아이였다. 아들을 '오빠, 오빠' 하면서 따랐다.

막내는 아직 아기였는데 엄마 손을 끌어야 우리 집 대문을 들어서곤 했다.

우리가 잠시 미국에 사는 동안 그 집은 근무지를 고향으로 배정받고 내려갔다. 거기에서 임신을 했는데 마침 아들이었다. 경사였다. 할아버지의 소원을 풀어주었다. 엄마는 비로소 안도했다. 더 바랄 게 없었다. 아빠 직장도 안정적이고 부부금슬 좋고 재산도 얼을게고 아들도 있고. 이제는 즐기는 일만 남았다.

아빠 근무지에 딸 셋에 아들이 없는 직장 동료가 한 사람 있었다.

직장 동료인 그 판사도 아들을 원했다. 어디 가서 물으니 형편이 비슷한 가족과 함께 가서 불공을 들이면 효험이 있다고 했다. 직장 동료는 아빠에게 도와달라고 청했고 부부는 쾌히 승락했다.

딸 셋은 집에 남겨두고 어린 아들과 동료 판사 부부는 한 차로 동해안을 따라 강원도 어느 절로 향했다.

비가 부슬부슬 내렸고 차가 미끄러지며 사고가 났다.

일행 중 한 명도 살아남지 못했다.

졸지에 양쪽 집 여섯 딸이 고아가 되었다.

실력 있고 인품 좋은 부모를 한꺼번에 잃었다.

판사집 딸들이 부빌 언덕을 잃었다.

손녀 셋을 데리고 있는 할아버지를 찾았다.

할아버지는 분노에 차 있었다.

조상이 있다면, 신이 있다면 내게 이럴 수는 없다고 했다. 맏이가 아닌데도 평생 부모 제사 모시고 정성을 했는데 이럴 수는 없다고 했다. 하나님도 천주님도 부처님도 믿지 않는다고 했다.

할아버지는 젊어서 우연히 봤던 점 이야기를 했다.

길가에 앉아있던 뜨내기 점쟁이가 느닷없이 "여보시오, 내 말 좀 들어보시오" 했다.

"난 그런 거 믿지 않소" 하자 "그래도 들어야할 것 같소" 하더란다.

이야기인 즉은 당신의 큰 아들이 단명을 할 것 같다는 것이다.

별 미친 놈 미친 소리 다 듣겠다고 욕을 자박지로 하면서 돌아섰다. 물론 안 들으니만 못했지만 세월이 흘러 잊혔다.

큰아들은 착실하고 성품 온화하고 더 나무랄 데가 없었다. 공부도 잘 하고 실력도 인정받고 차근차근 목표를 향해 가고 있었다.

할아버지는 아들이 죽고 나서야 점쟁이 말이 생각났다고 했다.

그리고 자신이 너무 손자 욕심을 내서 그런가보다며 자책했다. 아마도 그 어린놈이 제 엄마아빠 데리러 이 세상에 왔는갑다고 했다.

할아버지는 아기처럼 엉엉 울었다.

얼마 되지 않아 할아버지는 아들과 손자에게로 갔다.

역학하는 이들은 운명이란 사람이 태어나는 순간 우주의 어떤 기(氣)를 받는가에 따라 정해진다고 한다. 이미 태어날 때 운명이라는 것을 부여받는다는 것이다.

운명이라는 것이 있기는 한건가.

운명이라는 거대한 열차에 올라탄 우리는 그저 실려 가는 신세란 말인가.

운명은 너무도 거센 힘으로 굉음을 지르며 종횡무진하므로 인간의 논의는 일고의 가치도 없단 말인가.

거 역

'늙으면 죽어야지' 하는 말은 거짓말이다.

지난 시간들에 대한 회한과 미지의 세계에 대한 두려움으로 목숨 줄을 있는 힘껏 거머쥐는 게 보통의 인간이다. 우리는 이런저런 이유로 세상에 존재해야할 이유를 생각해 낸다.

오랜 시간 준비하지 않으면, 노력이 없으면 평안히 죽음을 마주하기는 어렵다. 육신의 고통도 만만치 않다.

애를 쓴다고 붙잡을 수 있는 것인가.

타당한 이유가 있다고 봐줄 '시간'인가.

할머니는 1979년 돌아가실 때 90세였으니 살아계시면 120세가 넘는다.

청상이 되어 두 아들의 손을 잡고 넉넉한 친정에 들어서자 친정아버지는 출가외인이라고 돌아가라 했다. 고난의 시간들이 시작되었다. 성실함과 곧은 성품으로 두 아들을 잘 키워냈다.

할머니는 병약한 며느리 대신 살림을 꾸리고 손자녀들을 키웠다. 며느리는 늘상 자리보전이었고 시어머니의 손길이 집안 살림 구석구석 닿아야했다.

먹이고 입힐 뿐 아니라 손자녀들을 교육하는 것도 할머니의 몫이었다.

관심을 가지고 그들의 학습태도를 관찰하고, 혹간은 등굣길에 손자녀를 교실로 들여보낸 후 학급 창문을 통해 지켜보는 열의를 보이기도 했다.

알고 있는 것인데도 자신 있게 발표하지 않는 손자녀에게는 집으로 돌아오는 길 군것질거리를 사주면서 달래곤 했다. 다음에 선생님 질문에 대답을 잘 하면 이것을 또 사주겠다고 미끼를 던졌다. 동기유발을 유도한 것이다.

교육학 이론은 몰라도 할머니의 경험적 임상은 완벽했다. 슬기로움의 결실이다. 사람의 마음을 꿰뚫는 통찰이 있었다. 덕분인지 모든 손자녀들이 좋은 성품에 좋은 성취를 이루었다.

손자녀들이 하나 둘 집을 떠나고 며느리도 세상을 떴다.

막내 손녀까지 결혼을 했다. 유학 가는 남편을 따라 미국으로 갔다.

할머니는 증조할머니가 되었다.

집에는 아들과 당신 자신과 시집가지 않은 큰 손녀만 남았다.

비로소 할머니 손에서 살림이 놓여났고 한가해졌다.

한가해지니 할머니는 병이 들었다. 담석증으로 고생을 하게 되었다. 수술을 하면 아무런 문제가 없다는 의사의 진단에도 불구, 할머니는 거절했다.

늦게 태어난 막내 손녀까지 결혼해 아이를 낳았으니 당신이 할 일은 다했다고 고집했다. 더 구차하게 목숨 늘이고 싶지 않다면 곡기를 끊었다. 아무도 말릴 수 없었다.

열흘 만에 돌아갔다.

독한 사람이라고 말하는 이도 있다.

그런 면이 있는지도 모르겠다.

극단의 결단을 함으로서 이생과 작별하는 도도함을 선택했다. 신의 명령에 복종하기보다는 목을 꼿꼿이 세웠다. 신에게 구걸하지 않고 두 눈을 똑바로 치떴다. 신과 맞짱을 떴다. 고단한 삶을 비루하게 연장하기보다는 품위를 지키기 위해 두 손을 훌훌 털어버렸다. 목숨보다 명예가 소중했다.

자신의 떠날 때를 스스로 정했다. 진정한 자신의 삶의 주인공이 되었다.

보기 힘든 더할 수 없는 고고함이다.

무섭도록 도도하다.

신에게 도전장을 낸 거다.

신도 찔끔! 했을 법하다.

고독의 득(得)과 실(失), 그 충돌로 인한 창조적 결실

윤 재 천

(한국수필학회 회장, 전 중앙대 교수)

작가는 작품을 쓰기 위해 모든 길을 탐험할 자유가 존재한다.

문학작품이 천편일률적인 범주 안에 고정되어 있으면 예술행위에 근거한 작품이 될 수 없다. 구체적인 방법은 장르적 편견을 극복하는 정신이다. 이런 움직임은 이미 여러 형태의 실험문학으로 드러나고 있어 모든 장르가 고정관념을 깨어가고 있다.

문학은 기본적으로 삶의 여러 실상이나 변화, 그에 따른 사유를 언어로 기록함을 우선으로 한다. 이때 본질을 규명하기 위해 작품의 표현수단에는 표현대상이나 방법, 또는 문학적으로 해결해 나가야 할 과제가 있고, 독자에게도 얼마만큼 흥미를 줄 것인가 하는 문제에도 관심을 가져야 한다.

문학의 최종지향점은 일반적으로 보편성에 근거한 철학이라고 할 수 있어 인간과 인생에 대한 성찰이 중요해, 프로의식으로 몰입한 작품만이 독자의 관심을 받을 수 있다.

특히 수필문학은 소설과 시에 비해 작가의 체험적 결과를 형상화시키는 것이 중요하다. 사회와 과학, 신문이나 잡지에 게재된 기사를 모두 수필이라고 할 수 없어, 수필은 우선 인간적 체취가 흥건해야 하고 수필만이 고유할 수 있는 정서적 특성을 지니고 있어야 한다.

일상적인 제재라 하더라도 작가의 신선한 안목과 참신하고 예리한 통찰력, 사물을 바라보는 철학이 투철해야 작품으로서의 가치를 지니게 된다.

수필은 다른 장르에 비해 형식의 제약을 두지 않는 특성이 있지만 작가의 사상과 작법 그 자체가 형식이다. 중요한 요건은 작가의 개성적 사상으로 문제를 바라보는 독특한 각도, 작가만이 알고 있는 일화나 특별한 체험, 그리고 남다른 문체도 소홀히 여길 수는 없다.

문학은 언어를 통한 표현수단이므로 언어예술이다.

좋은 수필은 작가가 표현하고자 하는 객관적 외계와 주관적 내면이 잘 드러나 있는 작품이다. 독자들에게 지적인 관점에서 만족을 줄 수 있어야 하고 독자의 마음을 움직일 수 있도록 정서적 관점에서도 공감을 줄 수 있다면 금상첨화라고 할 수 있다.

한기정의 작품 세계를 탐색해 보기로 한다.

본성이 그러했는지 습성이 그러했는지 겁도 없이 남의 계모가 되고 평생 보살핌을 받아보지 못한 남편의 등을 토닥이는 일에 긍지를 느끼니 모자람인지 넘침인지 가만히 들여다보건대 둘 다 아니고 부끄럽지 않으려는 자신과 싸우는 것에 불과.

-「예순 해」 중에서

인생의 진솔성 - 그 진면목을 보여주는 작품이다.

누구든지 바쁜 일상에 쫓겨 생활을 하다가도 문득 자기 확인을 하며 생각의 꼬리를 물게 된다. 이때 여러 가지 생각이 봇물 터지듯 터져 삶의 절정이던 시간도 회상하게 되고, 또는 한발 물러서서 자기 존재를 응시해 보는 순간과도 마주하게 된다.

한기정도 그와 같은 순간을 놓치지 않고 있어 작품 「예순 해」를 통해 만감이 교차하는 시간들과 대좌하고 있다. 인생의 결실의 시기인 '60세'라는 시간은 모든 사람에게 많은 것을 생각하게 하는 시기이다.

한기정의 「예순 해」는 그 의미가 적지 않아 화자의 형상까지 조심스럽게 비춰지고 있으며, 그 시간들이 문학적으로 용해되어 작품으로 나타나고 있다. 동맥경화 현상 같은 순간도 있었지만 자신을 조심스럽게 숙성시켜 온 사람임을 알 수 있다.

모든 것은 '부끄럽지 않으려 자신과 싸우는 것에 불과하다'며 회의에 잠기기도 하지만, 한기정은 그 자체와 조율하며 진땀을 닦으며 살아 온 사람이다.

「예순 해」는 이처럼 한기정의 인생관이나 성정, 비전에 대한 노력, 그만의 삶의 철학이 농후하게 드러나고 있어 함축미를 통해 문학적으로 드러나는 작품이다.

묘비명 '드디어 평온하다'로 삶이 마무리되길 갈망하는 부분을 보더라도 삶의 파도를 잘 다스려 온 사람임을 알 수 있어, 한기정의 글은 독자들에게 깊이 있는 생각을 하게 한다.

> 혹은
> 오래 같이 하다 보니 얽혀
> 되돌아서기에는 이미 늦고 결단도 어려워 운명이려니 받아들이지만
> 자꾸 뒤돌아보는 것.
> -「결혼」 중에서

결혼의 관례처럼 평범하면서도 비범한 법칙은 없다.

인류 탄생 이래 남성과 여성만이 존재하는 세상에 반드시 한 가정을 이룰 때만이 완성된 삶으로 간주되어 왔다.

그 관례에는 부작용이 없지 않아 요즘은 독신주의자가 많은 실정이지만 그 자체가 삶의 오류는 아니다.

남녀의 이성문제 - 특히 결혼문제는 사랑만이 아니라 운명 그 자체로 서로에게 선택되어지는 것, '그리고는 무던히 애쓰는 것', 문제는 부부가 합리적인 대화와 기다림으로 가정을 끌어가는 것이 아니라 피차간에 속박으로 이어지기 때문에 문제가 되고 있다.

인간은 이성적인 존재이기에 결혼이 갈등으로 이어지지 않더라도 '자꾸 뒤돌아보는 것'으로 남아 삶의 묘미를 일깨워주므로 결혼이라는 제도는 작품 중의 작품, 완성도에 따라 인간에겐 거대한

작품이 된다.

문제는, 몽테뉴의 말이 아니더라도 결혼은 새장과 비슷한 데가 있어 불변성과 신뢰도가 추락하는 세상이다.

한기정의 「결혼」은 간간이 들이닥치는 갈등 속에서도 무던히 애쓰고 극복하며 가정을 성지(城地)로 완성시켜 가는 것을 보여 주고 있으니 작품의 묘미를 불러일으키는 데 한 몫을 하고 있다.

반전과 갈등은 삶의 생명, 작품의 생명임을 모르지 않는 사람이다.

> 비어있는 가슴 속으로 찬바람이 몰려드는 저항할 수 없는 시린감. 불러들이는 감정이 아니라 헤르페스 바이러스처럼 한 구석에 자리하고 있다가 시시때때로 나를 움켜쥐는 차갑고 끈끈한 손. 가슴을 짓누르기도 하고 목을 조이기도 한다.
>
> '절대 쓸쓸함'은 원초적 결핍에 근거한다.
>
> -「쓸쓸함에 관하여」 중에서

고독은 누구나 누릴 수 있는 특권은 아니다.

그 묘미를 아는 사람만이 고독의 진가를 파악한다. 염세주의 철학자 쇼펜하우어도 고독과 더불어 살아가는 사람은 뛰어난 정신을 소유한 사람의 운명이라고 했으니 진리다운 진리, 견고한 삶은 오직 고독 속에서만 영글어 간다.

한기정은 「쓸쓸함에 관하여」에서 심심함 정도의 3등급 고독, 멜랑콜리 정도의 2등급 고독, 원초적 결핍에 근거한 절대고독을 소개한다.

아버지를 일찍 여의고 재가한 어머니를 따라가 그 과정에서 나타나는 D의 고독을 비유적, 상징적으로 그려가며 절대고독의 깊이와 그 처절함을 역설하고 있다. D는 그런 고독이 두려워 모든 것을 양보하는 사람으로 변했으나 마침내 당당한 경지까지 뛰어올라 '이제, 늦게 이룬 가정에서 조심스레 '쓸쓸함'의 등급을 낮추고 있는 사람'이다.

삶의 과정에서 절대고독은 절대적으로 필요하다. 절대고독 속에서 홀로 극복한 것은 쉽게 무너지지 않으므로 또 다른 충격이 오더라도 스스로를 방어할 수 있다.

D의 삶을 볼 때 한 편의 드라마처럼 아픈 순간들이 한기정의 튼실한 사랑과 필력, 몰입의 깊이로 용해되고 있어 「쓸쓸함에 관하여」는 의미가 많은 작품이다.

무슨 일이든지 쓰나미 속에서도 극복하는 저력을 키우게 된다면 그 삶은 성공한다. 특히 절대고독의 경지까지 터득하게 되면 두려울 것이 없다. 절대고독은 순수한 자기와의 대화이며 자기와의 투쟁이다. 그 싸움에서 본성을 이겨 고요함으로 들어간다면 누구도 범접할 수 없는 경지에 도달하게 된다.

어머니의 곁으로 다가가지 못했던 D였음을 알 수 있지만 그 고독은 자기 성찰을 통해 원숙한 경지에서 자아의 재발견, 인간본연의 순수함을 지켜나가게 했으므로 완성의 길로 나아가는 데 여정이 되었음을 알 수 있다.

상대의 쓸쓸함을 헤아리며 따뜻한 심상으로 심도 있게 그려나간 작품이다.

다뉴브강에 해가 가라앉고 하늘은 보랏빛에서 검게 변해가고 바람은 머리카락을 어지러이 흩는다.

가족과 친구들은 짝을 지어 사진을 찍고 웃음을 터뜨리고 농담을 주고받으며 추억을 만들기 바쁘다.

엄마가 정말 고독했겠구나. 온전히 혼자였겠구나.

정겨운 사람들이 함께하는 자리에 혼자 있는 것이, 비록 그들이 엄마의 고독을 눈여겨보지 않는다 하더라도 그래서 더욱 고독했겠구나.

-「엄마의 고독」 중에서

인간은 본래 고독한 것, 그것이 인간의 양식이다.

이 글은 어머니의 일생에 가슴 아파하며 여행지에서 문득 그 고독감을 상상하는 작품이다. 인생이라는 배를 타고 항해하던 어머니, 그 삶은 조심스럽게 키를 잡고 노를 저어갔지만 인생의 바다에는 사시사철 미풍만이 불어오진 않았다.

한기정은 그러한 어머니의 삶을 모르지 않고 있어 '프라하 크라쿠프 중앙광장의 수키엔니체쇼핑물 불빛 아래에서, 다뉴브 강을 떠나는 뱃가에서 엄마의 고독'을 보게 된다.

그 전까진 심하게 느끼지 못했어도, 결혼 25주년 기념으로 동유럽 패키지 부부동반 여행을 하던 중, 해외여행만으로 외로움을 수습하던 어머니를 생각하며 그 아픔을 더듬어 간다.

화자의 어머니는 모든 것을 털고 계획성 있는 삶을 살며 낙천적으로 산 것 같지만, 인간은 누구나 한적한 곳에서 외로움을 느끼는 것이 아니라 도심 속에서 외로움을 느꼈음을 알 수 있다.

「엄마의 고독」에서 중요한 것은 어머니를 향한 한기정의 마음과 그 사랑이 끝 간 데가 없어 어머니의 일생과 외로움에 대해 비통해 하는 딸의 모습이다.

모녀간의 정이 두텁다 하더라도 어머니가 낯선 곳에서 침묵으로 불렀을지도 모를 고독의 노래를 영혼으로 들으며 목이 메고 있으니, 어머니 입장에서 모든 것을 이해하며 오열하는 딸들이 세상에는 허다할까.

> 김주영의 엄마도 신경숙의 엄마도 어찌 그리 반듯한가. 인간의 허약함 속에도 이기심은 전혀 엿보기 어려운 그네들의 엄마는 그 어머니가 아니라 그 어머니를 바라보는 그네들의 가슴에서 무한히 아름답게 피어나기 때문이 아니겠는가. - 「내 그릇」 중에서

한기정은 어머니를 그리워하는 마음이 대단하다.

자식으로서 당연하지만 사람마다 정도의 차이는 수만 킬로가 된다. 어머니의 삶을 온전히 헤아리며 100% 포용한다는 것은 생각처럼 쉽지 않다.

화자는 도처에서 '엄마'를 느끼고 있다. 남대문 시장에 진열된 로션에서, 열무김치에서, 화자만이 알고 있는 숨 막힘과 죄책감 사이에서, 애처로움과 짜증, 울적함과 미안함, 결국 고마움으로 종결지으며 어머니를 느끼고 있다.

어머니의 존재는 그 무엇과도 비교될 수 있는 보석보다 더한 존재, 그러기에 소설가 김주영과 신경숙도 최상의 어머니를 그려

내지 않았던가.

어머니란 존재를 그려냄으로써 세상 사람들을 감동시키고 있으니 그 어머니를 바라보는 그네들의 가슴이 조건 없이 따뜻하다.

한기정 역시 온갖 색으로 용해된 어머니를 그려보며 모녀간의 정을 확인해 가고 있다. 모든 것은 '나의 그릇에서 비롯된 것일 터'라며 반(半)추상적인 기법으로 작품을 처리하고 있지만, 그들만의 희로애락이 작품 「내 그릇」을 문학적으로 숙성시켜 가고 있다.

> 우리가 네 집에서 떠나던 날, 넌 감기에 걸려 문 밖을 나설 수 없었고 마지막이 될 그 안녕을 어떻게 마무리해야하는지 몰라 '조심해라, 조심해라' 하는 말만 반복했다.
>
> 런던 공항에서 도날드는 출국수속을 하기 위해 줄을 선 우리 곁을 서성였다. 이미 여러 차례 포옹인사를 했음에도, '기정, 넌 우리 가족이야'라고 말했음에도. – 「젖은 가을, 상선에게」 중에서

에픽티토스가 말하지 않았어도, 인간은 생명 없는 육체를 끌고 다니는 영혼과 다를 바 없다.

앞날은 누구도 예측할 수 없어 감당하기 힘든 일이 일어나곤 하지만 "나는 괜찮아, 이 정도면 행복해"라며 현재의 시련에 긍정적으로 도전할 때 고통에서 자유롭게 되고 미래의 공포에서도 압도당하지 않게 된다.

「젖은 가을, 상선에게」는 영국으로 떠나 유학생활을 하며 그곳에서 결혼을 했지만 뜻하지 않게 운명을 바꿔버린 친구의 불행을

바라보며 서술해가는 작품이다.

그 친구와 스코트랜드를 여행하기 위해 10년 가까이 모은 돈이 종국에는 암에 걸린 그 친구를 위해 한국음식을 먹는 데 쓰게 되었다니 사람의 일이란 무상하지 않은가.

인간은 앞서고 뒤설 뿐 지상에서의 시간을 운명 앞에 순응하다 진정한 휴식의 세계로 돌아간다. 이것으로 볼 때 피상적인 삶에 집착하는 것보다 무한의 시간과 함께할 - 삶의 질과 가치에 심혈을 기울이며 살아가야 한다.

한기정의 친구는 30년 전 국제결혼까지 했으니 외로움이 없었을 리 만무하다. 그러나 부모의 반대까지 무릅쓰며 택한 결혼이라 절대고독 속에서도 그 삶이 영글었음은 분명하다.

한기정은 이제 친구를 추억하며 '언젠가 늦가을 템즈 강을 거닐고 싶다'며 가슴속에 새겨진 화석을 꺼내보고 있다. 영원 속으로 떠난 친구의 영혼도 가까웠던 사람들과 함께 하며 인간존재와 그 실상을 이성적으로 일깨워 주고 있다.

친구를 향한 화자의 마음과 성정(聖情)이 잘 드러나고 있는 작품이다.

진행되어지는 과정 어느 시점에 내가 그 자리에 설 수도 있고 나도 언제든지 남는 자가 아니라 떠나는 자가 될 수도 있다.

굽이굽이 흘러간다. 삶의 전장에서 유탄(流彈)에 맞고 고꾸라지고 후송되고 피를 흘리고 정신을 놓는다. 누구는 병장으로, 누구는 소위로, 누구는 중령으로 제대한다.

그녀들의 현충원은 우리들의 가슴이다.

-「중년의 전장(戰場)」 중에서

이 글의 특징은 제목 자체를 '중년의 전장(戰場)'이라고 말하는 데 있다.

예측불허로 쓰러지는 주변의 친구들을 바라보며 황당함을 멈추지 못하는 화자임을 알 수 있다.

인간은 마음의 갱년기, 육체의 갱년기를 맞이하는 것으로 끝나는 것이 아니라, 어느 날 문득 젊은 시절의 용기와 패기, 긍지를 대책 없이 압수당한 채 전장(戰場)에서 병사들이 적군의 총탄에 예고 없이 쓰러지듯 그 삶이 만만치 않음을 보여주고 있다.

그러나, 삶은 이 모양 저 모양 춤을 추며 흘러가는 것이기에 누구를 탓할 수는 없다. 중요한 것은 전장(戰場)에서 전투를 하는 병사일지라도 적의 침투를 사전에 관찰하며 병원에서 정기적으로 검진하고 또 그 결과를 치료하고 관리하며 스스로를 돌보는 것밖에 방법이 없다. 무수한 박테리아 속을 헤엄쳐 가는 현대 속의 인간으로서는 정신을 가다듬고 갑옷으로 무장하며 살아갈 수밖에 없다.

하지만 그 어느 시대이든 병마와 죽음은 인간에게 자유로움을 주지 않아 카디시아누스, 파비우스, 레피두스, 율리아누스도 미련을 남기며 그 길을 걸어가긴 했다.

죽음과 불멸에 대해 해답을 찾느라 전력을 다하며 논쟁을 벌이던 철학자들도 남겨진 사람 없이 모두 영원 속으로 사라졌고, 무수히 많은 사람들을 죽인 장군들도 대책 없이 죽어간 세상임을 부정할 수가 없다.

그러나 병사와 초급장교로 삶이 사그라져 우리들의 가슴이 현충원이 된다면 떠난 자의 고통 못지않게 남은 자의 고통이 크게 되므로, 우리는 잔인한 세상과 투쟁하며 마땅히 자신을 보호해야 할 의무가 있다.

> 세상이치가 그러하다는 것을 받아들이기 어려웠다.
>
> 분노 섞인 질투가 무엇인지 알았다. 딱히 어쩌자는 것도 아니고 어쩔 수 있는 것도 아니다. 내 질투가 얼마나 비합리적인지 너무도 잘 알고 있다. 그럼에도 솟아오르는 질투감은 어깨를 짓눌렀고 삶이라는 과제에 속수무책으로 무력한 나를 보았다.
>
> 예전의 그녀들도 그랬으리라. -「질투」 중에서

사람이 살아가면서 모든 것을 다 가질 수는 없다.

세상이 모순투성이라고 할 수 있다. 새도 생존하는 과정에서 자신에게 불리하게 되면 부리로 상대를 쪼게 되고, 짐승도 궁지에 몰리게 되면 상대에게 공격을 하게 되며, 사람들도 피할 곳이 없어 전전긍긍하게 되면 난동을 부리며 사회를 혼란시키는 세상이다.

어느 시대에나 모순을 통한 불합리 속에서의 투쟁, 한기정이 말하는 특유의 '질투'는 있게 마련이다. 「질투」를 살펴보면 1970년 초창기는 여성의 교육 퍼센트 지수가 높지 않아 그 당당함이 하늘을 찌르던 시절이다.

요즘은 여성이 남성보다 교육률도 높고 여성 대부분이 사회의 전반적인 부분을 차지하고 있지만, 70년대 초반기만 해도 여성의 교육률이 인구 만 명당 26명만이 여대생이었다니 여성에 대한 한국의 실정을 알만하다.

당시 E대에 다녔던 화자는 그때의 전성기를 그와는 상반되는 '차장'을 모티브로 대비시키며 작품을 풀어간다.

제목을 '질투'로 설정하고 차장들이 즐겨 쓰던 '오라이'를 내세워 그들 특유의 묘기를 그려가며 그들 입장에서 그들의 심리상태를 파악하며 이해하고 있다.

이것은 화자가 차장을 비하하는 것이 아닌 - 여대생을 핍박했던 차장들의 분노를 차용해 장수하는 노인과 단명을 면치 못하는 젊은 사람의 죽음의 문제를 대비시키며 많은 생각을 하기 때문이다.

83세 된 노인은 건강하게 회복되어 움직이게 되고, 50대 친구는 병마를 극복하지 못해 세상을 떠났으니 그 자체가 모순이라 생각하며 분노 아닌 분노를 느끼고 있다. 그것은 노인의 삶을 경시해서가 아니라 친구의 죽음이 뜻밖에 닥쳐와 그 슬픔을 감당할 수 없음에 대한 투정이다.

「질투」가 구성이 잘 되어 있는 것은 마지막 부분 '예전의 그녀들도 그랬으리라. 그녀들은 나보다 조금은 더 구체적인 이유로 그랬으리라'며 자의와는 관계없이 타의에 의해 어쩔 수 없이 받아들여야만 했던 그녀들의 생활을 새겨보며, 모순으로 뒤덮인 세상을 질타하는 모습이다.

사람은 자연을 극복하고 조절하면서 문명을 이루어왔다. 인간은 절대적인 힘에 순종할 수없는 성정(性情)과 지력(知力)을 지녔는지 인류사 이래 끊임없이 자연과 맞장을 뜨고 있다. 그래봐야 자연이 한 번 '으르렁!' 하면 그저 주저앉을 뿐임에도. 아니 콧김만 세게 불어도 그럴 텐데.

-「위풍당당, 에베레스트」 중에서

단테도 '자연은 신의 예술이다'라고 하였다.

대자연은 인간이 사는 거리와 멀리 떨어져 자연만이 초연하게 존재할 때 가장 고고하고 예술적이고 인간이 근접할 수 없는 성지(聖地)가 된다.

인간은 그동안 자연에 복종하며 살아왔지만 자연을 정복하려는 오만함이 있어 재해가 불시에 일어나는 세상이다.

그러나 산은 인간에게 고요를 가져다주므로 이 순간도 에베레스트까지 등반하며 영혼을 닦는 사람들이 늘어나고 있다.

「위풍당당, 에베레스트」는 자연의 무한한 저력을 보여주는 작품이다. 대부분의 세상사는 인간이 주체가 되어 자유자재로 조립해 갈 수 있지만 에베레스트 등반 코스에서는 두 손을 들고 항복을 하는 게 대부분의 인간이다.

화자도 등반을 한 후 '자연이라는 존재가 내게 일방적이고도 절대적인 영향을 미치리라고는 상상도 못했다'고 말한다. 그것은 경험의 무지로 에베레스트 트레킹의 실체를 몰랐기 때문이다.

적을 알고 나면 승산의 실마리가 감지되는 것처럼 대상에 대해서 무지할 때 도전하는 저력이 생긴다. 무지한 자가 용감하다는 말도 있지만 여기에서 용감하다는 말은 성공을 전제로 하는 것이 아니라 무지로 인한 불행의 전초전을 의미한다. '사탕봉지나 인간이나 똑같이 취급했다'는 자연 앞에서 인간은 아무런 힘도 발휘할 수가 없기 때문이다.

그러나 험난한 산행을 관통하면서도 정상을 향해 도전하는 자는 정상의 세계를 볼 수도 있고 그 과정에서 희로애락과 투쟁했으므로 삶의 폭이 넓어지며 인생의 내리막길까지도 염두에 두는 사람으로 변하게 된다.

대자연 앞에서는 하잘 것 없는 실체임에도 불구하고 에베레스트 등반에 도전했던 한기정은 또 하나의 자신을 발견하며 깊이 있는 인생을 살아간다.

> 당신은 어떠한 쪽배를 배정받았다고 여기며 어떤 물가로 흘려보내졌다고 생각하는가.
>
> 항해 중 줄을 나눈 다른 쪽배는 어떠했으며 당신은 그 쪽배와 어떠한 이야기를 나누었는가. 무엇을 잃었으며 무엇을 얻었는가. 어떤 기쁨을 경험했으며 어떠한 슬픔을 겪었는가.
>
> -「쪽배」 중에서

한기정은 「쪽배」에서 '태어날 때 우리는 작은 쪽배에 태워져 물 위로 흘려진다'고 말하고 있다.

여기에서 '태워져 물 위로 흘려진다'는 것은 자신이 주체하는 능동적 삶이 아니라 타의에 의해 수동적으로 움직여야 하는 구속된 삶을 의미한다. 태어날 때부터 정해진 운명의 쪽배를 타고 세상과 타협하는 현상을 의미한다.

문제는 쪽배가 일인용이라는 데 포인트가 있다. 누구든지 일회적인 삶 속에서 자신의 삶은 오직 자신만이 주인공이 되고 주체가 되어 운명의 춤사위에 몸을 실어야 하는 현상이 나타난다.

바다는 파도가 심해 굴곡이 심하지만 그 과정에서 얻어지는 수확이 풍부할 수 있고, 호수는 예상보다 파도가 심하진 않지만 권태로운 삶을 초래할 수도 있다.

쪽배를 타고 삶을 항해해 가는 것은 쉬운 일이 아니다. 항해하는 과정에서 대책 없이 개념 없는 섬에 불시착하게 되면 성공한 항해가 아니다. 한편으론 성공한 삶이 생의 전부는 아니므로 과정에서 만나게 되는 우주 속의 모든 것, 그게 삶의 에너지가 되고 나침반이 될 수도 있다.

균형이 잡히지 않아 파선되는 삶을 살더라도 자기 철학을 가지고 항해할 수만 있다면 문제될 것은 없다. 쪽배의 닻줄이 끊어지게 되면 삶의 고달픔이 있긴 하겠지만 인생은 순풍만을 향해 달릴 수가 없다.

역경 속에서도 극복하는 저력, 그 저력이 우리에게 잠재해 있다면 어쩌다 쪽배가 항해 규정을 벗어나더라도 좌절할 필요는 없다. 항해에 대한 두려움으로 정박만을 고집하게 되면 뭍에 처박혀 쪽배가 썩게 마련이다.

어떤 쪽배를 배정받아 어떤 물로 흘러들어 어떤 낚시를 했건 쪽배 바닥에 감추어준 삶의 가치관 - 의미 있는 보물 하나 찾을 수 있다면 그 어떤 쪽배를 타건 운명으로 받아들여야 하는 게 상례가 아닐까.

이십대 손자와 팔십대 할머니가 논쟁 중이다. 유난스럽던 여름 날씨가 갑자기 돌변한 것에 대해서다. 손자는 자연의 힘이라 하고, 할머니는 신의 섭리라고 한다.

-「차이」 중에서

날씨의 변화에 대해 손자와 할머니가 논쟁을 벌이는 작품이다.

요즘은 특히 날씨가 예측불허로 요동해 인간을 당혹하게 몰아갈 때가 많다. 우리나라에도 태풍 - '덴빈'과 '볼라벤'이 들이닥쳤지만 지금 순간만 해도 싹쓸바람인 허리케인 '샌디'가 뉴욕을 강타한 실정이다.

작품 「차이」는 기후의 급 변화 - 유난스럽던 여름 날씨가 갑자기 돌변한 것에 대해 그 논쟁이 할머니와 손자가 현저한 '차이'를 보이고 있다.

손자는 그 현상을 자연의 힘, 할머니는 신의 섭리라고 말한다.

과학적으로 볼 때 계절에는 춘하추동이 존재하여 그 특성이 현저하듯, 이십대 손자와 팔십대 할머니의 논쟁에서 '차이'가 드러나는 것은 당연한 현상이다.

어찌 겨울을 모르는 꽃송이가 그 깊음을 이해할 것이며, 파도를 타며 봄 여름 가을을 경험한 할머니의 지혜가 세상을 살아보지 못한 손자와 견줄 수 있겠는가.

어쨌든 기후의 극심한 변화를 '자연의 힘'이라고 하는 손자와 '신의 변화'라고 하는 할머니, 우리가 보는 입장에선 전자와 후자의 영향이 없지 않다고 볼 수 있지만 한기정은 그 차이를 '시각차이인가 아니면 우주관의 차이인가'라며 결론적으로 시각 차이는 우주관의 차이가 아닌가에 무게를 두고 있다.

그렇다면 이 글은 우주관의 차이로 좁혀지는 것에 포인트를 맞추며 읽어가야 할 작품이다.

우주관은 천동설, 지동설, 은하계 같은 천문학의 입장에서 본 관찰과 견해도 해당되지만, 한기정이 제시하는 우주관은 세계관과 인생관처럼 우주상에서 예측불허로 발생하는 인간의 문제에 관여하는 관찰이나 견해가 우선이다.

> 조화를 이루는가.
> 끝자락에서 재주를 부리는가에 따라, 기술로서 보는가.
> 철학으로서 견지하는가에 따라 사람이 달라진다. 쿼크의 차이다.
>
> -「통(通)」 중에서

'과유불급'이라는 말이 있다.

상식 외로 지나친 것은 그에 미치지 못한 것과 같다는 의미라고 할 수 있다.

『논어』「선진편(先進篇)」에 나오는 고사성어로, 자공(子貢)이 공자에게 "사(師:子張) 와 상(商:子夏)은 어느 쪽이 어집니까?"라고 묻자, 공자는 "사는 지나치게 어질고 상은 그에 미치지 못한다"고 대답했다. "그럼 사가 낫단 말씀입니까?" 하고 반문하자,

과유불급은 공자의 "지나친 것은 미치지 못한 것과 같다(過猶不

及)"라고 한 데서 비롯되었지만, 경우에 따라서 지나친 것은 그에 많이 미치지 못하는 것보다 더욱 부족하다는 의미도 성립된다.

이 얘기는 경우에 따라 상식을 지나치게 초월하는 것을 경계하기 위한 - 중용을 권장하는 메시지다.

한기정이 「통」에서 말하듯, 이 글은 지나친 순수, 지나친 겸손, 지나친 교양, 지나친 솔직함, 지나친 과묵, 지나친 성실은 예상외로 어리석음과 교활함, 배타성과 잔인함, 타산성과 집착으로 나타나며 역효과를 초래하기 때문에 절제의 필요성을 강조하고 있는 작품이다.

중용에서 벗어난 것은 조화를 깨뜨리게 되고 또는 재주를 부리는 수단으로 각인 된다고 염려하는 화자지만, 그러나 한편으론 '쿼크의 차이'로서 어떤 관점에서 보는 가에 따라 사람이 달라진다고 말한다.

이것으로 볼 때 한기정이 사고의 세계는 음과 양의 조화를 적절하게 추구하고 모든 사물과 인간사의 양면성을 세밀하게 분석하며 이해하는 사람이다. 철학적 관점에서 세상을 응시하는 사람으로 글의 세계가 깊다.

사랑은 무한한 무게로, 모호한 경계로 존재한다.

사랑이란 이름으로 행해진 많은 일들이 잔인할 수도 위험할 수도 있다. 충만할 수도 새털처럼 가벼울 수도 있다. '사랑'이란 개념을 정의하는데 필요한 너무나도 다양한 의미와 행위들이 수반되기 때문이다.

- 「말할 때」 중에서

사랑의 신중함과 아이러니함을 제시하는 작품이다.

그 분야는 끝없이 연구해도 해답이 투명치 않은 인생의 딜레마다. 그래서 화자는 사랑을 '모호한 무게로, 모호한 경계로 존재한다'고 말하기에 이른다. 여러 각도에서 사랑의 기술을 제시하며 개념을 설득시키고 있다.

결론적으로 화자는 '책임질 수 없다면 사랑한다고 말하지 말라'고 선언한다. 눈에 눈물이 고여 본 적이 없는 사람은 사랑할 자격이 없어 괴물과 크게 다르지 않다고 말한다. 사랑이란 인간을 행복하게 하기 위해서만 존재하는 것이 아니고, 인간의 고뇌와 인내 속에서 얼마만큼 강할 수 있는가를 스스로에게 보이기 위해 존재한다고 할 수도 있다.

사랑에 대한 정의는 화자의 말처럼 모호하여 심리학자들도 1960년 대 후반부터 중심이 되어 사랑에 대한 학술적 연구가 진행되었으나 아직도 그 개념의 정의와 분류가 차이가 있는 실정이다.

그래서인지 지금까지 수많은 영화와 연극, 음악과 문학을 통해 사랑이란 주제가 등장하고 있으며 앞으로도 그렇게 될 것이 분명하다.

이것으로 볼 때 사랑에 관한 엄밀한 정의는 각자의 주관적 판단에서 이루어져야 하며 각자 느끼는 범위까지가 사랑에 대한 정의라고 할 수 있다.

사랑을 전제로 해서 상대에게 '말할 때'는 '때가 아니면 사랑한다고 말하지 말라'고 했을지도 모른다.

다만 화자가 말하는 그때 - '말할 때'는 상대를 위해 자신도 모르게 눈물이 흐르게 될 때 비로소 조심스럽게 말하라고 선언하는 작품이다.

> 정화가 죽고 모든 것이 원래대로 돌아온 것 같았다.
>
> 대구 큰 집에 남아있는 정화의 아들에 대해서도 잊으려 했다. 어쩔 수 없는 일이라고 애써 외면했다. 젊은이들의 폭풍처럼 휘몰아쳤던 사랑의 열병도, 그로 인한 가족들의 아픈 기억도 묻었다. 잔인한 시간들을 진공 포장해 다시는 꺼내지 않을 요량으로 타임캡슐에 넣어버렸다. 없던 일로 여겼다.
>
> -「플라스틱 슬리퍼」 중에서

이 글은 논픽션이지만, 엽편 소설을 읽는 듯한 착각에 빠뜨리는 작품이다.

젊은이들의 사랑의 과정에는 굴곡이 많으나 그들의 사랑은 견고한 결정체로 이루어진 풍경이다.

'에리히 프롬'의 말처럼 사랑은 본질적으로 의지의 행위 - 자신의 생명을 상대의 생명에 완전히 위임하는 결단의 행위임을 모르지 않는다.

이것을 터득한 젊은이들은 처해진 순간이 마지막인 것처럼 사랑하다 이슬처럼 소멸한 주인공들이 되었지만, 폭풍처럼 몰아쳤던 그들의 사랑은 아름다운 이야기가 되고 있어 작품이 살아 움직인다.

1966년 시월의 마지막 날, 미국 대통령 린든 B. 존슨이 한국을 방문하게 되자 그 환영식에서 윤수는 의장대 병사로, 정화는 대학생 합창단원으로 참석한 데서 이들의 인연은 필연적으로 나타난다.

혼전 임신까지 하게 된 정화는 집에서 쫓겨나 윤수 집으로 가게 되었으나 그들의 불행은 이때부터 시작된다. 현실을 극복하지 못한 정화가 정신병원까지 가게 되었으니 어머니의 고통을 부정할 수가 없다.

「플라스틱 슬리퍼」는 여식을 가진 부모라면 절절하게 실감할 수 있는 작품이다.

긴 세월 어머니의 간호를 받다가 병원에서 딸이 죽고 말았으나 어머니는 자신의 탓으로 돌리며 회환에 잠기곤 했으니 이 글은 '어머니'라는 존재에 대해서도 많은 물음을 주는 작품이다.

순간의 만남이, 어찌 보면 어긋난 만남이 두 젊은이를 파멸로 몰아갔으니 세상에는 감당 못할 악연도 존재한다. 기억하고 싶지 않아 가족들은 모든 사연을 타임캡슐에 넣어버렸지만 윤수까지 넋을 놓고 정화를 찾아 헤매고 있었으니 악연 속에서도 그들은 인연이 아닐 수 없다.

여러 가지 관점에서 볼 때, 어떤 상황에 처하든지 사랑이 추함을 초월한 이유는 그것에 매장된 놀라운 힘 때문이다.

B부인은 청상이 되었지만 친정부모와 가깝게 살며 의지할 수 있었다. 친정어머니가 아들을 키워주어 딸은 직장생활을 계속할 수 있었다. 친정부모는 딸의 안위가 가장 큰 관심이었다. 딸이 어린 나이에 아들 하나 데리고 혼자되었으니 큰 근심거리였다. 똑똑한 딸은 아들이 중학생 때 같은 직

장의 동료와 결혼했다. 그 시절의 풍습으로 보면 파격이다.

-「망부가(忘夫歌)」 중에서

이 글은 1950년, 국가적 차원에서 그 해의 어려움이 영상처럼 펼쳐지는 작품이다.

당시 6·25로 인해 극한 상황에 치달아 심지어는 그 자체가 특별한 화제가 아닌, 집집마다 가장(家長)이 북으로 끌려가던 시절이므로 홀로 된 여인들이 넘쳐나던 시절이다.

한기정은 이 시대의 어려움을 극단적으로 제시하며 생동감 있게 그려내고 있다. 작품 '망부가(忘夫歌)' 에서 두 형태의 청상과부들을 소개하고 있다. 남편이 끌려갔지만 호된 시어머니 밑에서 자식을 키우며 살아가던 A타입의 여인, 그러한 상황에 처했지만 시댁을 박차고 나와 친정부모와 가깝게 살며 자녀를 맡기고 직장을 다니거나 재혼을 하는 B타입의 여인이다.

이로 인해 「망부가(忘夫歌)」는 생명력을 지니고 있다.

온몸과 영혼으로 망자가 된 남편을 그리워하며 '망부가'를 부르는 여인과, 현실에 적응하기 위해 망자 된 남편을 지워내야 하는 여인의 경우이다. 삶의 욕망을 누르고 과거에 머물러 살아가는 여인과, 미래를 향해 도전하는 여인의 인생관 차이에는 나름대로의 철학이 존재한다.

물론 전자와 후자의 결론에 따라 '망부가'가 달라지는 것은 당연하다.

그러나 요즘 들어 전자는 이 시대와는 전혀 어울리지 않는 유형이라고 할 수 있다. 후자의 삶에서도 죄의식을 갖는 것 자체가 불필요한 시대가 되었으므로 한기정은 같은 시기 - 같은 상황에 처해진 여인이지만 각자 어떤 선택을 하느냐에 따라 '망부가'의 애절함이 다르다고 말한다.

처연한 망부가가 있고 뿌리부터 잊고 싶은 망부가가 있다고 말한다.

고전이나 여러 예술, 예를 들어 신체극 「오르페」에서처럼 신화 속 '오르페우스' 이야기를 모티브로 삼아 사랑을 잃은 오르페우스가 배우들의 몸을 빌려 '망부가'를 처연하게 부를 뿐이므로, 한기정의 '망부가' - B타입의 여인은 이 시대에 설득력이 적지 않은 작품이다.

> 삼십년이 지난 지금, 동이 엄마는 어떻까. 까마득한 옛 일로 그냥 잊었을까. 이따금 죄책감에 시달릴까. 어쩔 수 없었다고 자기 합리화를 할까. 그런 생각조차 않을까.
>
> -「여인이여, 옷을 벗어라」 중에서

인간은 누구나 가면의 옷을 입은 채 살아간다.

그 옷을 벗게 되면 누구든지 잠재적으로 선과 악의 형상이 팽팽하게 줄다리기를 한다.

「여인이여, 옷을 벗어라」에서도 한기정이 '동이 엄마'에게 가면의 옷을 벗으라고 권고한다. '동이 엄마' 만이 아니라, 세상 여인만이 아니라, 세상의 부모 모두에게 선포하는 메시지일 수도 있다. 그만큼 인간의 내면은 잔인성으로 범벅이 되어 있어 도덕성을 잊고 살아간다.

오죽해야 화자도 「여인이여, 옷을 벗어라」에서 인간의 한계성에 진저리를 치며 인간 내면에 잠재된 선과 악의 경계선에서 갈등했을까.

그러나 「여인이여, 옷을 벗어라」는 근본적으로 다르다. 부족한 것 없는 '동이 엄마'에게 대소변도 못 가리는 장애자 동이가 태어나 악 상황을 몰고 왔지만 모성애의 힘은 험난한 산도 무너뜨리지 않는가.

그럼에도 '동이 엄마'는 어머니로서의 자격을 상실하고 있다. 자식에게 주어진 아픔 - 그 운명이 어머니의 운명임에도 난처함을 피하기 위해 외국으로 이민을 떠나게 되는 상황으로 나타난다.

그 당시 '동이 엄마'는 30세 이전의 나이라 현실을 감당하기 힘들었겠지만, 30년이 지난 지금은 회한과 죄책감에 사로잡혀 몹시 괴로워하고 있을지도 모른다는 공식이 성립된다.

복잡한 상황을 한기정은 심리전으로 작품을 풀어가며 '동이 엄마'의 양심을 통해 인간의 심곡을 뚫고 들어간다.

심지어 "까마득한 옛 일로 그냥 잊었을까. 이따금 죄책감에 시달릴까. 아니면 자기 합리화를 시킬까. 아예 생각조차 하지 않을까"라고 진단하며, 여러 각도에서 인간의 본성을 향해 심리전으로 접근한다.

훨훨 오르다 오르다
날개가 툭! 꺾여 곤두박질치더라도
새야 올라라.

단 한 번만 미친 듯 날갯짓하자.

-「새야 올라라」 중에서

작품 창작에 있어 유머와 위트는 매우 중요하다.

하지만 은유의 힘은 더욱 중요해 그 힘을 빌려 작품을 창조하기 위한 노력은 축적된 관념의 편견을 버리는 계기가 되므로 정서의 지경을 넓혀 가는 데 한 몫을 하게 된다.

'훨훨 오르다 오르다 날개가 툭! 꺾여 곤두박질치더라도 새야 올라라'는 절박한 화자의 심중을 살펴볼 때 글을 읽는 독자들에게도 삶을 열망하는 에너지를 느끼게 한다.

「새야 올라라」는 시적이다. 은유가 지닌 작품은 관계가 멀어 보이는 대상들을 하나의 관계로 병렬해 내는 장점을 지닌다.

은유는 단순히 유사성을 나타내는 것에서 탈피하여 일련의 연상 고리를 엮는 것까지 접근할 수 있어 여러 가지 역할을 수행할 수 있다. 작품을 통해 세부의 아름다운 영상과 철학적 영상으로 존재할 수 있고 그 작품의 중심개념이 야콥슨이 정의한 지배소(dominant)로 도약될 수도 있다.

그런 의미에서 「새야 날아라」는 원래 대상과 밀접한 관계를 맺는 구체적이고 생생한 이미지가 창조되는 환유적 작품이 아니라, 창조적 은유를 통해 추상적, 시적인 작법으로 작품을 승화시키며 대상과의 유사성으로 고리를 맺는 장점을 지니게 된다.

> 눈물 목걸이.
> 가슴 속 열기가 습기를 끌어안고 이슬이 된다.
> 모양도 가지가지.
> 빛깔도 가지가지.
> 쉬 사라지지만 소금기 품은 흔적을 남긴다.
>
> -「내게 있어서 수필은,」 중에서

이 글도 은유를 통해 시적인 작법을 차용하는 작품이다.

'눈물 목걸이'라는 인생의 흔적들로 함축미를 사용해 드러내고 있으며 삶의 얼룩진 흔적들이 '수필 쓰기'라는 해결사를 통해 습기 머금은 사연들이 햇살에 맺힌 이슬처럼 그 빛을 발하고 있다.

힘겹게 걸어온 그 길에는 수많은 발자국이 높낮이로 제자리를 지키고 있어 그 모양이 열 두 빛깔로 드러나고 있다.

그러나 시간이 지나고 나면 모든 일이 먼 옛날인 듯 아득하지만 한기정의 가슴 속 열기는 여전히 살아 있어 변색되지 않을 호흡으로 꿈틀대며 순간을 살아간다.

한기정은 그 수많은 삶의 역사를 아포리즘 수필로 승화시키고 있어 글맛을 더욱 느끼게 한다. 많은 활자를 쓰지 않아도, 많은 말을 하지 않아도, 삶을 응시하는 절대자와 마주 한 듯 마음속에 잠재된 속울음이 글을 읽는 이들에게 많은 생각을 안겨준다. 그만큼 수필은 한기정에게 있어 속울음을 쏟아내어 멈추게 하는 심리치료자 역할을 한다.

시적인 이미지가 강하지만, 아포리즘 수필로서 그 내용과 기법이 튼실한 작품이다.

작가에게 중요한 것은 독특한 개성이다.

작품은 작가의 마음을 연소시키는 연통이다. 글을 쓰는 사람의 변화에 따라 연통을 통해 발산되는 작품의 성격은 서정적, 관념적, 또는 의미 위주의 글로 나타난다.

수필에서는 솔직하고 질박한 감정이 중요하다.

한기정의 작품은 자기를 성찰하는 자세, 그 자세가 무쇠처럼 묵직해 작품의 디딤돌이 되고 있다. 운명 앞에서도 운명을 교정하거나 거부하지 않고 소리 없이 극복했음을 보여준다.

그 마음가짐과 정신력은 한기정의 자화상이다. 얼굴에 웃음이 가득해도 깊은 강엔 회색빛 안개가 가득 차 있는 사람이다. 자신의 삶만 아니라 동반자의 삶, 친구의 삶, 어머니의 삶 속에 깊이 잠수하며 삶의 희로애락을 곱씹으며 노래하고 있어 한기정의 정신세계는 바다와 같이 깊다.

그러다가 자신을 확인하기 위해 자연 속에 묻히기도 하고 창공을 향해 날개를 퍼덕이기도 한다.

삶에 있어서도 그 어떤 쪽배를 배정받았든지 현실과 타협하며 조율해가고 있으니 오늘의 화자가 존재했음을 보여준다.

한기정에게 있어 글쓰기는 삶을 승화시켜가는 청량제가 아닐 수 없다.

그래서 더욱 그의 작품은 귀하지 않을 수 없다. 인생의 깊이를 심도 있게 그려내며 어려움을 극복해 냈으니 작품이 생명력이 있을 수밖에 없다.

도의성을 바탕에 깔고 모든 것을 절제하며 쓴 작품들은 그에게 있어 과제 중의 과제였음을 실감하게 한다. 이제 한 번 더 날갯짓하기를 소망하며 용틀임 하고 있으니 앞으로도 그 에너지가 좋은 글을 쓰게 하며 미래를 향해 도약하게 할 것이다. 로맹 롤랑도 불굴의 의지를 인생의 가장 큰 덕목으로 생각하지 않았는가.

한기정의 작품세계는 인간존재와 그 가치의 소중함을 일깨워주고 있어 인간에 대한 물음이 거대한 화두로 대두되고 있다.

앞으로도 정진하여 좋은 작가로서 자리매김 되길 기대한다.